Banyuzukwabo Laurianus Tuyisabe

Femmes Vendues

Banyuzukwabo Laurianus Tuyisabe

Femmes Vendues

Recrutement, achat et voyage des migrantes nigérianes vers l'Italie.

Éditions Croix du Salut

Imprint
Any brand names and product names mentioned in this book are subject to trademark, brand or patent protection and are trademarks or registered trademarks of their respective holders. The use of brand names, product names, common names, trade names, product descriptions etc. even without a particular marking in this work is in no way to be construed to mean that such names may be regarded as unrestricted in respect of trademark and brand protection legislation and could thus be used by anyone.

Cover image: www.ingimage.com

Publisher:
Éditions Croix du Salut
is a trademark of
Dodo Books Indian Ocean Ltd., member of the OmniScriptum S.R.L Publishing group
str. A.Russo 15, of. 61, Chisinau-2068, Republic of Moldova Europe
Printed at: see last page
ISBN: 978-620-3-84290-6

Quand l'indifférence est le bouclier des hommes, l'amour-propre leur glaive et l'égoïsme leur destrier, à quoi bon chercher pourquoi tout va si mal sur terre ?

Pierre Josset

REMERCIEMENTS

La publication de ce livre n'aurait pas été possible sans le soutien de nombreuses personnes. Nous tenons à remercier les Professeurs Elena De Filippo, Salvatore Strozza, Alfonso Reccia pour leur soutien et leur motivation. Nous remercions l'Ordre des Clercs Mineurs en la personne du Très Révérend Père Ted Kalaw Supérieur Général. Nous adressons nos remerciements distingués à Monseigneur Angelo Spinillo Évêque d'Aversa et Mgr Franco Picone Vicaire Générale du Diocèse d'Aversa. Nos remerciements vont également à l'endroit de Don Carmine Schiavone Directeur Caritas Aversa, Don Evaristo Rufino Directeur Migrantes. Le Père Ferdinand Kouadio (PIME), Père Giresse Muyayalo pour leurs orientations et encouragements en vue de l'amélioration de la qualité du livre. Beaucoup d'autres ont partagé leur point de vue pour la réalisation de cet ouvrage, qu'ils trouvent en ces mots les sentiments de notre reconnaissance.

DÉDICACE

À tous les volontaires, médiateurs culturels et linguistiques ainsi qu'aux opérateurs qui se sacrifient nuit et jour pour sauver les victimes de la traite des êtres humains ;
À toute l'Église catholique universelle engagée dans la restauration de la dignité humaine ;
À tout l'Ordre des Clercs Réguliers Mineurs (Caracciolini) soucieux de la vie précaire des souffrants et démunis ;
À toute la Caritas Diocésaine d'Aversa et, à travers elles, toutes les Caritas paroissiales qui redonnent espoir aux désespérés ;
À toutes ces organisations nationales et internationales qui luttent contre la traite des êtres humains ;
À toutes les jeunes filles victimes de la traite à des fins sexuelles,
Je dédie ce livre.

La vente d'êtres humains est un crime qui ne connaît pas de frontière. Le livre du Père Laurianus Banyuzukwabo Tuyisabe nous le rappelle avec un style limpide moulu dans une forte conviction sur l'impératif de redonner la dignité humaine aux nombreuses femmes nigérianes victime de « l'indifférence qui s'avère être un mal de notre temps ». En effet, le silence dans lequel se réfugie l'humanité face à la pauvreté, à la discrimination, à la violence faite à la femme permet au mal de progresser et de triompher. Le drame de notre société contemporaine est de considérer que les malheurs des autres ne sont pas les nôtres, qu'à travers les problèmes existentiels des populations assaillies par les difficultés de la vie, l'on ne devrait pas y voir l'affaire de tout l'homme et de chaque homme.

Pourtant, à travers cette étude, l'on se rend compte, et cela sans ambages, que la problématique de la migration féminine nigériane en Italie se pose, s'expose et s'impose à la réflexion comme un impératif catégorique. L'exploitation de ces femmes nigérianes à des fins lucratives est une forme d'esclavage moderne. C'est une tragédie qui se vit à travers la prostitution, dans le travail domestique, par les mutilations génitales féminines, le mariage forcé, etc.

Articulé sur trois parties, ce livre nous livre des analyses contrefactuelles d'une situation qui, loin de concerner seulement l'Italie, interpellent plusieurs. C'est certainement pour cela que, sortant des habitudes de conclusions classiques qui terminent généralement les ouvrages de ce genre, l'auteur a décidé carrément de conclure son étude par une lettre ouverte et d'interpellation. C'est aussi un mérite de cette œuvre qui, finalement, part du cas italien pour un questionnement globalisant sur le phénomène de traite et de trafic d'êtres humains.

On le voit, le leitmotiv de montrer que la traite des êtres humains est un défi de notre temps. Cette criminalité organisée et transfrontalière brasse des milliards de dollars sur fond de négation de la dignité humaine. Alors que cette dernière devrait imposer le respect fondamental, inconditionnel et identique dû à tout être humain du fait qu'il est humain, indépendamment de ses différences, l'on voit le trafiquant, par cette pratique sordide, peaufiner des stratégies pour davantage contourner et défier les efforts collectifs consentis afin de mettre fin à ce crime.

On pourra comprendra par la lecture de ce livre que l'auteur apporte des nuances entre la traite des êtres humains et le trafic y relatif. La première consiste dans le fait de recruter, de transporter, de transférer, d'héberger, d'accueillir une personne, de prendre ou de transférer le contrôle exercé sur elle dans un but d'exploitation (sexuelle, économique, …), le second est compris comme étant le fait de contribuer, de quelque manière que ce soit, soit directement, soit par un intermédiaire, à permettre l'entrée, le transit ou le séjour d'une personne étrangère sur ou par le territoire d'un Etat en violation de sa législation, en vue d'obtenir, directement ou indirectement, un avantage patrimonial.

Ce drame de notre temps est loin d'avoir sonné le glas. Au contraire, diverses stratégies, allant d'une simple fausse promesse d'emploi à l'enlèvement, sont utilisées par les trafiquants pour recruter et exploiter des victimes. Ils gagnent souvent la confiance des victimes en usant de la tromperie et de la manipulation. Parfois des agences de placement peu scrupuleuses trompent les travailleurs avec la conclusion de contrats de travail farfelus ; et ce qui donnait l'air d'être un emploi légitime était en réalité de l'exploitation. Ce livre nous révèle que certains groupes vulnérables, en l'occurrence les femmes et les enfants, sont soumis à la traite de personnes par leurs propres communautés ou leurs familles. La description de Fatima Ehikebolo, médiatrice culturelle, ainsi que les témoignages de certaines victimes sont significatifs à ce propos. Des familles désespérées peuvent même avoir recours aux trafiquants pour leur vendre leurs enfants en échange d'un paiement immédiat. On remarque que les méthodes, les tendances et les stratégies de la traite évoluent au fil du temps et s'adaptent aux nouvelles exigences, aux challenges, aux réalités politiques et sociales et aux ripostes des services de détection et de répression. Le livre rapporte que les technologies de communication avec leurs corollaires des réseaux sociaux sont mobilisés. Ainsi, les trafiquants utilisent Facebook, Instagram, WhatsApp pour publier des photos des filles qui apparemment ont déjà changé positivement leur vie mais qui, en réalité, continuent à souffrir sous le joug de l'exploitation sexuelle. Des méthodes audiovisuelles sont utilisées par les recruteurs, notamment des cassettes, des photos et des vidéos, des séries et films télévisés, des lettres écrites par des proches ou des connaissances se trouvant déjà dans le pays de destination.

Sur un autre plan, même si l'étude ne s'y est pas assez penché, il est intéressant de noter, à la suite des enquêtes menées auprès de services de lutte contre cette criminalité, que la majorité des trafiquants, ces « gens sans scrupule, sans morale ni éthique qui profitent du malheur de certaines personnes » (Pape François), condamnés dans les pays de destination sont des délinquants étrangers, alors que dans les pays d'origine ce sont surtout des ressortissants du pays. Le cas de ces femmes nigérianes en Italie corrobore cette conclusion. Comme l'indiquait le Rapport mondial sur la traite des personnes de l'ONUDC de 2016 : « un examen plus approfondi de la nationalité des étrangers condamnés pour l'infraction de traite de personnes dans les pays de destination révèle un modèle général. La nationalité de ces délinquants reflète globalement la nationalité des victimes détectées ».

Comme tout travail de terrain, celui réalisé par le Père Laurianus Banyuzukwabo s'est buté à certaines embûches qu'il fallait surmonter. Par exemple, lors du travail

avec certaines migrantes nigérianes, le silence devient une arme. Et l'auteur explique dans ce livre que l'une des raisons du silence des migrants est le doute sur la crédibilité et l'honnêteté de ceux qui écoutent. La plupart de migrants pensent que les opérateurs ou médiateurs pourraient se servir de leurs histoires racontées pour les classer, les manipuler, les exploiter et les dénoncer auprès des services de l'ordre. Une fois que la confiance est établie et l'écoute réalisée, l'on découvre la complexité. C'est probablement ce qui fait dire à l'auteur que « Chaque migrant est un livre. Il ne suffit pas de lire la dernière page pour prétendre avoir tout compris. Tous les détails sur la vie du migrant valent la peine d'être pris en compte ».
C'est avec mes félicitations au Père Laurianus Banyuzukwabo pour cette étude que j'en recommande la lecture aux hommes d'actions et de changement.

Jean-Paul SEGIHOBE BIGIRA
Professeur Ordinaire à l'Université de Kinshasa

PROLOGUE

L'INDIFFÉRENCE, LE MAL DE NOTRE TEMPS.

Pourquoi le mal dans toutes ses manifestations ne cesse-t-il plus sur la terre malgré tous les efforts que l'homme met en place pour le combattre ? Et parlant de la traite des jeunes filles nigérianes nous pourrions étendre notre questionnement. Pourquoi vident-elles leurs villages pour aller en Europe ? Pourquoi abandonnent-elles leur pays ? Pourquoi désertent-elles leur belle Afrique ? Pourquoi viennent-elles toutes dans notre pays ? Pourquoi les trafiquants continuent-ils à exercer librement et à alimenter ce néo-esclavage ? Tout observateur qui se pose toutes ces questions devrait se mettre dans la peau des victimes. Il devrait faire l'expérience de la faim, de la guerre, des calamités, des conflits pour comprendre ce qui meut ces jeunes filles et qui, malheureusement, les expose aux hommes sans cœur : les trafiquants ! Ces filles qui auraient souhaité vivre paisiblement dans leurs terroirs sont victimes des systèmes politiques qui alimentent des inégalités, des injustices, des conflits… et ne se soucient que de leurs intérêts égoïstes. Ne blâmez pas ces femmes, elles n'y sont pour rien, ce ne sont que des innocentes qui crient au secours. Ne les jugez pas, jouez votre rôle d'être humain pour que leur dignité soit recouvrée. Malheureusement, au lieu de s'engager pour la lutte contre ce fléau, la plupart les jugent, les condamnent et par conséquent le mal continue son chemin sans être entravé. Sans avoir peur d'être contredit, ma position est que le mal continue à nous ronger parce que l'homme a développé une culture de l'indifférence couplée à l'égoïsme et à la l'appât du gain à tout prix. *Pierre Josset l'a reconnu quand il dit : « quand l'indifférence est le bouclier des hommes, l'amour-propre leur glaive et l'égoïsme leur destrier, à quoi bon chercher pourquoi tout va si mal sur Terre ? »* Nous pouvons nous demander à qui profite cette indifférence. Il est vrai que ceux qui adoptent cette attitude comme moyen d'échapper au mal n'en sont pas épargnés. En effet, les conséquences du mal nous affectent tous directement ou indirectement, qu'on le veuille ou pas. Le Pape Jean Paul II note ce qui suit : *Cette image du monde d'aujourd'hui, dans lequel il y a tant de mal physique et moral qu'il en devient un monde enfermé dans le réseau de ses contradictions et de ses tensions, et en même temps plein de menaces dirigées contre la liberté humaine, la conscience et la religion, cette image explique l'inquiétude à laquelle est soumis l'homme contemporain. Cette inquiétude est ressentie non seulement par ceux qui sont désavantagés et opprimés, mais aussi par ceux qui jouissent des privilèges de la richesse, du progrès, du pouvoir.*[1] Par conséquent, le mal nous affecte tous. Même quand nous nous réfugions dans l'indifférence, il nous atteint. En bref, l'indifférence ne sert ni à renforcer nos défenses immunitaires contre le mal ni à nous rendre moins complices. Il affecte le développement de tous. Alfred Auguste Pilavoine dans ses *pensées, mélanges et poésies* n'hésite pas à déclarer ce qui suit : *L'indifférence est la rouille de l'âme, c'est comme un corps sans mouvement, une existence sans vie ; point d'impulsion vers le bien, point d'énergie contre le mal ; c'est une végétation, un engourdissement, une sorte de mort morale. Une âme tombée dans l'indifférence ressemble à une eau stagnante qui se putréfie et s'empoisonne, faute de mouvement et de fluctuation.* L'indifférence affecte négativement l'homme. Ceux qui l'adoptent ne font pas un pas en avant et n'aident pas les autres à se mouvoir. L'indifférence est la rouille. Mais pourquoi l'homme doit-il continuer à être indifférent aux souffrances des autres ?

Le drame de notre société contemporaine est que, pour la plupart des gens, aussi longtemps que le malheur ne frappe pas à leur porte ou dans leur famille, la vie va en toute quiétude car les problèmes des autres ne sont pas les leurs ou mieux, il ne leur revient pas de les résoudre. C'est ce qui se passe généralement avec les victimes de la traite pour des fins sexuelles dont le sort semble ne pas être la préoccupation de maintes personnes qui préfèrent garder le silence ou fermer les yeux devant cette souffrance. L'expression du philosophe irlandais Edmund Burke exprime clairement les conséquences du silence face au mal quand il dit : *La seule chose nécessaire pour le triomphe du mal est que les hommes bons ne fassent rien.* En d'autres termes, si notre humanité se réfugie dans le silence et permet que ce qui est intrinsèquement mauvais puisse se produire alors qu'elle en est au courant, dans ce cas, elle laisse le mal poursuivre son chemin et triompher. Lorsqu'il y a un problème, opter pour la neutralité, juger, être indifférent ou encore se lamenter sans affronter les vrais problèmes ne nous rend pas moins responsables des maux qui rongent notre humanité. Notre inaction nous rend en quelque sorte responsables. C'est ce qu'en termes religieux, nous pourrions appeler le péché par omission. La plupart des gens préfèrent ne rien dire même quand ils sont en face d'une souffrance atroce. Est-ce par ignorance ? Le Pape François reconnaît que, sur le sujet de la traite, il y a beaucoup d'ignorance. Mais parfois, il semble y avoir peu de volonté de comprendre la portée de cet enjeu. Pourquoi ? Parce qu'il touche à notre conscience morale ; parce que c'est un problème épineux ; parce que c'est une pratique honteuse. Puis il y a ceux, qui,

[1] Pour approfondissement lire Pape Jean Paul II, *Lettre Encyclique Dives in Miséricorde*,11-12.

sachant tout cela, ne veulent pas en parler parce qu'ils sont au bout de la « chaîne d'approvisionnement », à titre d'utilisateurs des services offerts dans la rue ou sur Internet.[2] Nous sommes tentés de penser que, face aux souffrances des victimes de la traite, d'aucuns se disent : il ne s'agit pas de ma sœur, de mon frère, de ma mère, de ma tante, de ma cousine ni quelqu'un de ma tribu, moins encore de ma race; pourquoi devrais-je m'y impliquer ? Nous avons peut-être la sensation que nous ne sommes pas contraints d'intervenir parce que ce n'est pas notre affaire et que quelque autre personne dénoncerait le mal à notre place et s'en chargerait complètement sans notre implication ; nous avons peur de risquer ou encore c'est peut-être une perte de temps, de ressources et d'énergie. Craignons-nous d'être confondus avec soit les clients soit les criminels quand nous intervenons en faveur des victimes de la traite ?

En réalité, qui doit combattre le mal ? Pensons-nous comme d'habitude que cela soit la tâche des hommes de bonne volonté plus sensibles que nous ou encore des politiques qui doivent s'en charger car le mandat de protéger les civils et de veiller à leur bien-être intégral leur a été confié. Nous ne pouvons pas toujours déléguer le bien, nous devons agir à la première personne si nous voulons que le mal ne poursuive pas son chemin. Nous oublions que le mal peut aussi être contagieux. Il a la capacité de percer et d'entrer dans notre *confort zone* surtout quand nous ne nous y attendons pas. Notre humanité doit éviter de manifester une compassion superficielle qui ne nous engage pas à attaquer le mal à ses racines. L'humanité doit soigner la plaie de la traite en protégeant les victimes. « Protéger », selon le Pape François, rappelle le devoir de reconnaître et de garantir l'inviolable dignité de ceux qui fuient un danger réel en quête d'asile et de sécurité, et d'empêcher leur exploitation. Il s'agit en particulier des femmes et des enfants qui se trouvent dans des situations où ils sont exposés aux risques et aux abus qui vont jusqu'à faire d'eux des esclaves.[3] Classiquement, les hommes, face à la souffrance des autres, s'exclament : pauvre homme, pauvre femme sans pour autant intervenir. Une telle attitude est fille d'une conscience endormie. Alors nous nous demandons : pourquoi ceux qui ont le pouvoir de stopper le mal ne le font-ils pas ? Pourquoi parfois se rendent-ils complices par leur silence ? Qui a le pouvoir de combattre le mal et ne fait rien ou collabore avec les bourreaux est aussi coupable. Qui doit sauver ces pauvres vies ? Quand pourrons-nous intervenir pour mettre fin à ce néo-esclavage contemporain ? Un vieux dicton hébreu dit : si ce n'est pas maintenant, c'est quand ? Si ce n'est pas moi, c'est qui ? Le Pape ne

---

[2]Cf. Pape François, *Dialogue avec les participants, Journée mondiale de prière et de réflexion contre la traite des êtres humains,* 12 février 2018

[3] Cf. Pape François, *Message pour la célébration de la Journée mondiale de la paix 2018*, 13 novembre 2017.

mâche pas les mots quant à l'urgence d'une solidarité qui mette les plus démunis au centre de l'attention : *Je souligne qu'il s'agit de personnes humaines, qui font appel à la solidarité et à l'assistance, qui ont besoin d'interventions urgentes, mais également et surtout de compréhension et de bonté. Leur condition ne peut pas laisser indifférents.*[4] Le souverain Pontife reconnaît avec grande admiration le travail que fait l'église dans l'accueil des migrants esclaves : *Je voudrais cependant rappeler l'immense travail silencieux que de nombreuses congrégations religieuses, surtout féminines, réalisent depuis de nombreuses années en faveur des victimes.*[5]

Cet ouvrage est le fruit d'un contact personnel avec les victimes que je rencontre à plusieurs occasions et sur des lieux différents. Après près de quatre ans, j'ai décidé de porter à la connaissance de toute l'humanité la douleur des victimes, esclaves invisibles, corps sans vies, femmes sans dignité, victimes oubliées. Ce livre raconte mon expérience aux côtés des victimes de la traite des êtres humains à des fins sexuelles en Italie. Ces jeunes filles proviennent des cinq continents. Nous avons préféré raconter l'expérience des Africaines car non seulement elles sont les plus ouvertes et abordables mais leur cas est aussi tout à fait particulier. Ces jeunes filles dont la plupart proviennent de l'Afrique occidentale sont recrutées par des groupes criminels puis exploitées en Italie. L'envie de coucher par écrit leur vécu quotidien n'est pas motivée par une simple curiosité. Notre démarche est loin d'avoir des intentions publicitaires. Elle est une dénonciation prophétique d'une souffrance réelle et apparente infligée aux jeunes filles africaines en général et nigérianes en particulier. C'est une façon de hausser le ton pour que le monde ne trouve pas des motifs pour justifier son indifférence face au phénomène de la traite des êtres humains. Nous voulons faire savoir au monde que l'esclavage existe sous une autre forme et que l'image de l'homme continue à être défigurée. Nous reconnaissons qu'un tel cheminement ne va pas sans sacrifices. Mais ils valent la peine d'être consentis pour que le mal soit démasqué.

Le Pape François a reconnu la traite comme un défi pour notre temps en s'exclamant en ces termes : *L'une des plus troublantes [plaies ouvertes dans notre monde] est le commerce des êtres humains, une forme moderne d'esclavage, qui viole la dignité d'enfants de Dieu de tant de nos frères et sœurs.*[6]. Ce pasteur qui « sent l'odeur des brebis » a rappelé plus d'une fois que ce phénomène continue

---

[4] Pape François, *Discours à l'Assemblée plénière pour la pastorale des migrants et des personnes en déplacement*, 24 mai 2013

[5] Pape François, *Message pour la Journée mondiale de la paix,* 8 décembre 2014.

[6] Pape François, *Salutations à la 2ème Assemblée européenne de RE-NATE*, 7 novembre 2016.

à créer des milliers des victimes. Cependant ces multiples appels continuent à souffrir d'une indifférence de la part des décideurs. Nous reconnaissons que de la part des nations et la communauté internationale, il y a peu d'efforts dans ce sens. Ce désintéressement aux cris des affligés se justifierait par le fait que le monde contemporain a remplacé la dignité de l'homme par la poursuite du bien-être économique. Cela arrive quand au centre d'un système économique se trouve le Dieu argent et non l'homme, la personne humaine. Oui, au centre de tous systèmes social ou économique doit se trouver la personne, image de Dieu, créée pour être le dénominateur de l'univers. Quand la personne est déplacée et qu'arrive le dieu argent se produit ce renversement des valeurs.[7] La traite des êtres humains se développe dans une société où l'avoir prime sur l'être. Ainsi, le Pape sonne l'alarme en ces termes : *Les modèles économiques doivent donc respecter une éthique de développement intégral et durable, fondée sur des valeurs qui placent la personne humaine et ses droits au centre.*[8]

Pour des individus, affronter le phénomène de la traite est une tâche très complexe car cela signifie jouer sur un terrain glissant sur lequel les groupes criminels sont vus comme des meneurs de jeu. Pour mieux mener à bonne fin notre combat, l'écoute et l'accompagnement des victimes sont indispensables. Comme nous avons eu à le démontrer précédemment, la souffrance des autres est souvent quelque chose hors de nous. Elle peut ne pas nous intéresser, et dans ce cas, elle n'aura aucun impact sur nous. Nous pouvons raconter la souffrance des autres sans pour autant en être émotionnés. Tout dépend de la sensibilité et des dispositions humaines et psychologiques de la personne qui écoute. Parfois écouter la souffrance des autres peut être comme revivre personnellement la souffrance subie par la personne en face. Dans ce cas, la personne qui écoute peut être émotionnée. En ce qui me concerne, il n'est nullement facile d'écouter la souffrance des autres. Il m'est arrivé de passer des nuits blanches tout en remémorant les histoires écoutées durant mes conversations. Mais, ma seule conviction a toujours été celle-ci : tant que cette expérience de souffrance ne sera pas dévoilée et partagée, j'en serai toujours tourmenté.

La décision de mettre par écrit les expériences recueillies directement chez les victimes de la traite a pour but de dévoiler leur misère et leur souffrance. Leurs défis ne doivent pas être ésotériques (par ésotérique, ici, je veux dire que ceux qui écoutent ne doivent pas conserver ces expériences pour eux-mêmes) mais mises à la portée de tous pour qu'une solution aux défis de la traite soit trouvée. Ne pas

---

[7] Cf. Pape François, *Discours à la rencontre mondiale des Mouvements populaires*, 28 octobre 2014.

[8] Pape François, *Message au président exécutif du Forum économique Mondial à l'occasion de sa rencontre annuelle,* 12 janvier 2018

parler de la souffrance des autres est une autre façon d'être indifférent et complice. Au fil du temps, je me suis rendu compte que plus je cherchais à faire taire en moi ces expériences, plus elles resurgissaient et tourmentaient mon existence. C'est pourquoi écouter et raconter les histoires douloureuses des jeunes filles victimes de la traite est une façon non seulement d'être la voix des sans voix mais plus encore un combat pour l'avènement de leur libération. C'est une libération non seulement pour les victimes mais aussi pour celui qui écoute à la première personne ces esclaves invisibles dont la souffrance est incommensurable. Ces jeunes filles victimes sont porteuses d'histoires personnelles d'exploitation et de violence. À travers cet ouvrage, nous découvrons comment elles sont recrutées, nous comprenons les enjeux autour de l'organisation du voyage ainsi que les défis auxquels elles font face avant d'atteindre leur pays de destination, l'Italie.

PARTIE I

CONSIDÉRATIONS PRÉLIMINAIRES ET ENJEUX DE L'ÉCOUTE DES MIGRANTS VICTIMES.

I.1. La difficulté de raconter la souffrance

Ce livre est essentiellement consacré aux recrutement, achat et voyage des filles nigérianes victimes de la traite des êtres humains en Italie. Cette recherche qui naît d'une expérience personnelle dans le secteur de la migration vise à une appréhension plus large du phénomène. Il est sans doute évident que la tâche est difficile pour tous ceux qui tentent de recueillir les expériences des victimes qui vivent au jour le jour les défis de la migration. Il n'est pas facile de les interroger sur leur parcours migratoire ni sur leur vécu dans le pays de destination car elles considèrent que raconter une souffrance subie serait, d'une façon ou d'une autre, la transposer dans le présent. Fréquemment, les victimes se réfugient dans le silence pour faire taire leur expérience. Ce silence que nous pourrions appeler méditatif ne doit pas être perçu comme un refus au vrai sens du terme. Mais le refus de raconter sa propre souffrance n'est pas une thérapie. Car tenter de décourager la douleur en l'ignorant ne sert qu'à la déplacer, car lorsque la souffrance devient intolérable, l'esprit s'attache à des défenses de plus en plus rigides et dysfonctionnelles...[9] Quand la personne raconte sa douleur, elle se met en chemin vers la guérison. La souffrance comme celle des victimes de la traite est trop pesante pour être gérée par les victimes seules. Les personnes qui soutiennent les victimes par leur solidarité et leur disponibilité sont indispensables. Même si se raconter est en même temps s'exposer, celui qui raconte sa propre souffrance retrouve la force, se libère, et s'ouvre à plusieurs possibilités d'aide. Malheureusement, de nombreux migrants préfèrent ne pas raconter leur propre expérience. Leur souffrance est si forte qu'ils ne réussissent pas à la gérer. En fait, la souffrance non exprimée essaie de s'écouler à travers les cauchemars, l'insomnie, les expériences dépressives, la panique. Nier la douleur ne sert pas à l'effacer ; elle ne fait que la rendre plus forte car elle lui permet de creuser l'âme, de nous couper le souffle le jour et d'envahir nos rêves la nuit.

[9] Cf. https://psichenessunoecentomila.wordpress.com

Celui qui a peur d'affronter la douleur court le risque d'en devenir prisonnier et de se retrouver à interpréter la réalité à travers des interprétations subjectives imprégnées de méfiance et de pessimisme. Geler la souffrance émotionnelle a l'effet d'une drogue ; elle nous fait nous sentir invulnérables seulement en apparence, elle a un succès temporaire...[10] Lorsque les migrants refusent de se raconter, ce n'est donc pas ni par méchanceté ni par dédain. Ce n'est pas non plus une résistance mais, comme déjà écrit, cela ramènerait la douleur dans le présent. Néanmoins, celui qui a souffert cherche quotidiennement à reléguer son expérience douloureuse dans un passé lointain et possiblement oubliable. La personne qui a souffert nous met en face d'un scenario vécu qui peut sembler insondable, inconcevable, inimaginable. Pour cela, elle peut décider de ne pas se prononcer surtout quand la personne considère que certaines informations sont sensibles et ne doivent pas être dévoilées par peur de rétorsions. Cette attitude met en difficulté tout chercheur ou tout volontaire qui devant une telle situation ne réussissent pas à recueillir des informations nécessaires sur la personne.

I.2. Raconter et écouter, une thérapie.

Les migrants au cours de leurs parcours se sentent en proie à plusieurs problèmes. Ils sont tourmentés et hantés par des questions irrésolues qui conduisent au désespoir et/ou à la dépression. C'est à ce moment précis qu'ils expriment plus que jamais un profond désir d'avoir des personnes capables de les écouter et de les sauver de ce chaos qui risque de gâcher leur existence. Il s'agit donc de personnes capables d'entrer dans le monde des migrants. Cela exige de celui qui écoute une sensibilité permanente aux sens, aux émotions et aux sentiments complexes et changeants qui s'expriment chez l'autre personne. Cela signifie être attentif à la peur ou à la rage, à la tendresse ou à la confusion, à tout ce que l'autre a expérimenté. Vivre temporairement dans la vie de l'autre, entrer dans l'univers plus profond de l'autre, s'y mouvoir, délicatement, sans porter de jugement. Écouter l'autre de cette façon signifie que, pour un instant, celui qui écoute sacrifie son ego en laissant de côté ses propres idées et valeurs dans le but d'entrer complètement dans le monde de l'autre sans lui porter préjudice. Autrement dit, cela signifie que vous vous mettez de côté. Seules peuvent y parvenir les personnes qui possèdent assez de sécurité en elles-mêmes pour savoir qu'elles ne seront pas perdues dans ce qui peut venir du monde étrange ou bizarre de l'autre et qu'elles pourront confortablement retourner à

[10] Idem

leur propre monde quand elles le souhaiteront[11]. Écouter de cette façon signifie éprouver de l'empathie. Ce qui semble être une mission noble mais difficile, que j'oserais appeler même extraordinaire, celle d'écouter sans juger les personnes en face, sans préjudices ni stéréotypes. Ce qui aide à avoir une vision d'ensemble des attentes, besoins et projets du migrant en vue de l'aider et de l'orienter.

Écouter la personne en face de nous est une tâche difficile surtout quand sa vie a été négativement marquée par la souffrance. Dans ce cas, celui qui écoute doit avoir de bonnes dispositions qui lui permettent de mener une écoute fructueuse. Par exemple, en face des migrants, il vaut mieux éviter de les sous-estimer en les considérant comme des hommes dont les projets ont catégoriquement échoué ou encore comme des imprudents qui ont risqué leur vie en se confiant aux exploitants. Une telle attitude est malheureusement adoptée par certains opérateurs qui travaillent dans des centres d'accueil des migrants. L'opérateur ou le chercheur qui écoutent les migrants doivent donc essayer, dans la mesure du possible, de se mettre à la place de la personne en face pour essayer de comprendre ses émotions et ses sentiments. Durant l'écoute, il peut arriver que la personne s'ouvre ou s'enferme en elle-même, tout dépend de son état d'esprit, des circonstances ou encore de l'environnement dans lequel elle se trouve. Elle peut raconter son histoire jusqu'aux moindres détails quand, après un certain moment, elle acquiert la confiance, quand elle se sent accueillie, en sécurité ou quand elle se trouve en face d'interlocuteurs ouverts au dialogue et avec des dispositions excellentes d'écoute. Cela permet d'exorciser la peur, la culpabilité, le désespoir, la confusion qui font partie du quotidien de la plupart des migrants. Quand ils sont bien écoutés, ils se sentent soulagés et encouragés pour continuer la narration. Ils retrouvent leur humanité. Tout cela arrive surtout quand celui qui se rend disponible pour écouter aide le migrant à avoir une vision juste de la situation pour pouvoir reconstruire et orienter les projets du migrant. Dans ce cas, il y a grande probabilité que les murs construits par ces préjudices commencent à tomber. Et par conséquent, la souffrance et la douleur subies par la personne sont atténuées ; dans le cas contraire, elles deviennent plus aiguës et insupportables.

Pour ceux qui éprouvent une souffrance intérieure, l'écoute est curative. Premièrement, pour arriver à ce résultat, il doit y avoir, de la part de la personne qui écoute, de réelles qualités telles que la franchise, l'humilité et la disponibilité. Il ne faut pas être distrait, ne pas s'endormir quand la personne nous raconte son histoire, ne pas se moquer d'elle. Un tel comportement serait signe d'indifférence et désintéressement. Généralement, les migrants qui ont un passé marqué par la souffrance ne racontent pas tout à n'importe qui. Il est nécessaire de trouver des

[11] Cf. http://afdialogue.eu/index.php/articles/articles-2019/lecoute-thérapeutique

personnes bien formées et qui inspirent la confiance. Chacun de nous a besoin d'une personne de confiance à qui il peut se confier quand il a des préoccupations. Pour parler de nos problèmes, nous devons nous assurer que celui qui écoute ne le fait pas avec de mauvaises motivations ou intentions. Il faut établir un climat de confiance avec les migrants et ils vous raconteront tout jusqu'aux moindres détails y compris intimes, pénibles et honteux.

L'une des raisons du silence des migrants est le doute sur la crédibilité et l'honnêteté de ceux qui les écoutent. La plupart des migrants pensent que les opérateurs ou médiateurs pourraient se servir de leurs histoires racontées pour les classer, les manipuler, les exploiter et les dénoncer auprès des services de l'ordre. C'est pourquoi toute suspicion peut facilement contraindre les migrants à s'enfermer seuls dans leurs idées, fixations, pensées, souffrances avec le risque de ne pas être en mesure de les contrôler ou de les surmonter. Il faut reconnaître une autre difficulté liée au manque d'ouverture du migrant qui ne manifeste pas une réelle volonté de pouvoir sortir de lui-même, de pouvoir se raconter en disant la vérité sur les faits vécus. C'est pourquoi il est conseillé à ceux qui ont cette noble tâche d'écoute des migrants de faire en sorte que dès leur arrivée dans le pays de destination, ils soient mis dans des conditions susceptibles de favoriser l'ouverture. Il est conseillé que l'écoute soit faite dans les premiers jours. Il est probable, qu'à cette période, la mémoire soit encore fraîche pour raconter. Car au fur et à mesure que les jours passent, leurs histoires peuvent subir des modifications ou mieux encore être falsifiées à causes de divers facteurs qui entrent en jeu. La souffrance vécue par les victimes impacte négativement la narration quant à la reconstitution des faits dans leur succession chronologique. Il peut arriver que, dans un entretien, il y ait manque de connexion des faits survenus ou encore absence d'une vision claire de ce qui est arrivé. Dans certains cas, les migrants perdent la connexion entre les faits et ne réussissent pas à dire exactement ce qui se serait passé au cours d'une étape de l'aventure migratoire. Dans d'autres cas, l'histoire qu'ils racontent peut changer pour des raisons administratives comme pour faire accepter leur histoire en commission territoriale en vue de l'obtention des permis de séjour. Elle peut être modifiée pour dissimuler la réalité des violences subies surtout quand il s'agit des victimes de la traite qui ont fait acte de loyauté devant les prêtres traditionnels avant le voyage.

En Italie, il y a une conception exagérément erronée et divulguée selon laquelle les migrants ne disent jamais la vérité. Dans certains cas, ceux qui soutiennent cette théorie pourraient avoir raison mais pas toujours. Un migrant qui raconte son histoire, dans un premier temps, peut ne pas se sentir obligé de dire la vérité. Dans ce cas, au cours de l'entretien, il peut laisser des détails qu'il juge moins importants ou encore personnels. Mais plus tard, ces éléments jadis tus peuvent paraître plus sérieux et surgir pour expliquer une situation actuelle ou particulière. Une autre erreur plus commune des opérateurs est une connaissance présupposée des besoins du migrant observé. Plusieurs individus se trompent quand ils sont en face des migrants. Ils pensent directement à satisfaire les besoins primaires comme la nourriture, le boire et l'habillement. Sans pour autant nier l'urgence de satisfaire ces derniers, celui qui écoute le migrant devrait d'abord dédier un peu de temps à les écouter. Il serait erroné de penser que chaque migrant qui nous approche a besoin dans l'immédiat de pain, d'argent, de travail et de toit. Ils peuvent en avoir bien sûr besoin. Cependant, les migrants n'ont pas besoin urgemment de biens matériels mais de quelqu'un pour les écouter. C'est en les écoutant que les réels besoins peuvent jaillir ; c'est après l'écoute qu'une intervention peut être envisagée. Chaque migrant est un livre. Il ne suffit pas de lire la dernière page pour prétendre avoir tout compris. Tous les détails sur la vie du migrant valent la peine d'être pris en compte. Cela est possible quand nous leur consacrons un temps suffisant pour les écouter. Il existe une autre difficulté dans l'écoute des migrants : celle liée à la barrière linguistique et culturelle. Raconter son expérience de souffrance dans une langue inconnue aggrave le malaise des victimes, et reste un défi pour celui qui écoute surtout quand le migrant doit recourir à sa langue maternelle pour bien s'exprimer. Dans ce cas, le recours à la présence d'un médiateur culturel fiable est dans certains cas indispensable.[12]

I.3. Méthodologie de recherche

Les données nous ont été fournies dans la majeure partie par les victimes de la traite avec lesquelles, pendant trois ans, nous avons établi un climat de confiance. C'est un travail de longue haleine qui, parfois, exige de la ténacité et la plus haute discrétion possible, car les victimes ne racontent pas leur vécu à n'importe qui. Elles ont peur de tout et de tout le monde car, durant leur parcours, les personnes, qui, au départ leur inspiraient confiance les ont trahies ensuite. La plupart des victimes que nous fréquentons ont reçu de fausses promesses et se sont retrouvées enrôlées dans la prostitution sous des cieux étrangers et dans des conditions inhumaines. Pour recueillir leur histoire et nous immerger dans leur univers mystérieux, nous avons dû appliquer différentes méthodologies en vue de pénétrer dans le monde des victimes, quasi ésotérique.

---

[12] Cf. AFFRONTI M., - MONTI M.C (A cura di) , Quale sguardo sui migranti forzati? L'esperieza dell'ambulatorio del Policlinico di Palermo, endragon, Bologna, p.43

Au départ, nous avons élaboré un questionnaire qui nous a permis de recueillir des informations utiles. Cette démarche a semblé ne pas apporter de bons résultats à cause de la résistance des victimes qui se montraient perplexes au regard de plusieurs questions directes. Dans le contexte de cette recherche, nous nous sommes heurtés à deux problèmes majeurs : le premier est que les victimes ont vécu des évènements terrifiants et humiliants qu'elles jugent inopportuns à être racontés à tout passant. C'est une expérience de souffrance qui touche directement la vie privée. Le second, non négligeable, est la complexité de pouvoir raconter son expérience à plusieurs reprises. Nous reconnaissons que nous avons cependant pu rencontrer des jeunes filles qui ont eu confiance en nous et nous ont livré des renseignements très sensibles. Compte tenu de la délicatesse du sujet abordé, nous avons établi un climat de confiance avant d'utiliser les outils de la méthode qualitative. À plusieurs occasions, l'adoption de cette méthode a donné lieu à des entretiens non structurés, qui ont pris la forme de conversations. Cela nous a permis de recueillir aisément des informations de la part des filles concernées. Elles ont donc été encouragées à partager leurs expériences profondes en utilisant leurs propres mots et langages parfois incompréhensifs. Celles qui ne pouvaient s'exprimer en anglais ont été assistées par des interprètes. Dans d'autres occasions, les entretiens entre chercheurs, victimes et médiateurs culturelles ont consisté en un jeu de questions-réponses permettant une bonne compréhension du phénomène de la traite des êtres humains et de ses effets négatifs. Les participantes ciblées par cette recherche sont des femmes africaines, principalement nigérianes, enrôlées dans la prostitution. En utilisant la méthode d'échantillonnage, nous avons approché des victimes âgées de 13 à 40 ans qui opéraient dans le secteur de via Domitiana, Teverola, Capua, Ischitella, Napoli, Caserta. Les victimes avec lesquelles nous nous sommes entretenus nous ont donné un cadre général sur le phénomène de la traite des êtres humains en Italie en ce qui concerne les Nigérianes. Celles-ci opèrent dans plusieurs régions italiennes et sont sujettes à des transferts réguliers. Cette mobilité est une stratégie des groupes criminels pour tenir sous contrôle leurs proies. Parmi les autres personnes interrogées se trouvent aussi des ex-victimes et des médiateurs culturels nigérians dont l'âge varie entre 22 et 55 ans.

Partie II

LA MIGRATION FÉMININE NIGÉRIANE EN Italie

I.1. La traite des êtres humains, un phénomène global.

La traite, parce que c'est d'elle que nous parlons, est un phénomène global. Pourrait-elle s'inscrire dans la logique de la mondialisation ? Nous savons que la mondialisation désigne le processus d'intégration des marchés et de rapprochement des humains qui résulte notamment de la libéralisation des échanges, du développement des moyens de transport des personnes et des marchandises, et des retombées des technologies de l'information et de la communication à l'échelle planétaire. Elle est une vaste réalité qui englobe plusieurs domaines : culturels, politiques, économiques, sociaux, religieux. Mais dans son sens positif, la mondialisation est cette aspiration qui favorise le progrès de l'homme en forgeant des liens d'unité de tous les peuples du monde indépendamment de l'espace qui les sépare. Ainsi, tous les peuples se reconnaissent fils d'une même terre. Pour mieux dire, la mondialisation facilite la connexion et l'extension des relations. Elle facilite le mouvement de personnes et d'échanges d'expériences culturelles, sociales, économiques, politiques et religieuses. Cette facilité de mouvement parfois effectué sur des longues distances a entraîné à la fois la migration de populations avec un seul objectif commun, celui d'améliorer leur sort économique et politique, et le mouvement rapide des capitaux et des biens de consommation. Nous ne pouvons nier tant de bénéfices qu'elle nous apporte mais aussi nous reconnaissons les défis qu'elle nous lance, surtout quand les questions de dignité humaine deviennent secondaires ou de moindre importance.

Le flux des migrants vers l'Europe n'est pas un phénomène récent. L'Union européenne a en quelque sorte réussi à le contenir, à la fois en construisant des clôtures autour des enclaves espagnoles au Maroc et en payant les pays côtiers africains pour empêcher les migrants d'atteindre les eaux européennes. Beaucoup de gens ont passé des années dans des pays frontaliers, essayant à plusieurs reprises de traverser les frontières avec l'Europe. Lors de leur migration vers la Méditerranée, les migrants africains reviennent involontairement sur les anciennes voies de la traite négrière à travers le Sahara. Pendant huit cents ans, les esclaves noirs ont été conduits de force à travers les mêmes villages perdus dans le désert. Ces anciennes routes sont aujourd'hui ingouvernables et inondées d'armes. Des dizaines de milliers de personnes qui partent finissent entre les mains de trafiquants, pour être vendues, forcées de faire de gros travaux ou de se prostituer. Des centaines de femmes qui se retrouvent en servitude après avoir contracté des dettes. La plupart des Africains victimes de la traite sont des femmes, parfois adolescentes, en provenance du Nigeria.

II.2. La différence entre Human Trafficking et Smuggling

Le phénomène de la traite des êtres humains est une réalité ancienne, mais sa définition a été approuvée à la fin des années 90. Le Protocole contre la traite des personnes des organisations des Nations unies définit la traite des êtres humains comme : *Recrutement, transport, transfert, hébergement ou accueil de personnes par la menace ou l'emploi de la force ou d'autres formes de contrainte, d'enlèvement, de fraude, de tromperie, de pouvoir, d'abus ou d'une situation de vulnérabilité ou de donner ou recevoir des paiements ou des avantages pour obtenir le consentement d'une personne ayant le contrôle d'une autre personne à des fins d'exploitation.*[13] Le même protocole souligne que l'objectif de l'exploitation devrait au minimum inclure l'exploitation à des fins de prostitution ou d'autres formes d'exploitation sexuelle, le travail ou les services forcés, l'esclavage ou des pratiques analogues à l'esclavage, la servitude ou le prélèvement d'organes.[14] Le phénomène de la traite des êtres humains à des fins sexuelles est une tragédie mondiale qui touche non seulement les femmes mais également les hommes et les enfants. Parlant plus spécifiquement de la traite des femmes, nous reconnaissons également le fait que, dans la plupart des cas, les trafiquants profitent de la situation économique et sociale vulnérable et fragile des femmes et de leurs antécédents familiaux pour convaincre leurs victimes en leur promettant une vie brillante et prospère à l'étranger. Cependant, le pourcentage des victimes impliquées dans la traite des êtres humains est difficile à mesurer en raison de sa complexité. Selon l'Organisation Internationale du Travail, les victimes en 2017 étaient estimées à près de 25 millions, hommes, femmes et enfants exploités pour le travail, le sexe et le commerce d'organes. La même organisation a reconnu que la traite des êtres humains touche presque tous les pays du monde et est considérée comme un phénomène non seulement international, mais également national.[15]

---

[13] *Protocole des Nations Unies sur la traite des êtres humains*, 2000

[14] Cf. *Art.3 du Protocole des Nations Unies sur la traite des êtres humains,* 2000.

[15] Pour approfondissement lire (Organisation internationale du travail, 2017)

Une autre réalité proche de la traite des êtres humains est la contrebande (Smuggling) que les gens confondent généralement et utilisent de manière interchangeable. La traite des êtres humains peut être un acte sexuel commercial induit par la force, la fraude ou la coercition, ou par lequel la personne incitée à commettre un tel acte n'a pas atteint l'âge de 18 ans. Cela peut également être le recrutement, l'hébergement, le transport, la fourniture ou l'obtention d'une personne pour le travail ou les services avec force, fraude ou coercition dans le but de se soumettre à la servitude involontaire, à l'empoisonnement, à la servitude pour dettes ou à l'esclavage. *Le principal élément constitutif de l'infraction de traite des êtres humains est l'utilisation de tromperie, de force ou de mauvaise utilisation de la vulnérabilité à l'égard de la personne concernée, en vue de réaliser des avantages financiers ou autres, indépendamment du franchissement de frontière. Par conséquent, la traite des êtres humains peut également avoir lieu à l'intérieur des frontières d'un seul pays.*[16] La contrebande s'entend de l'obtention, directement ou indirectement, d'un avantage financier ou d'un autre avantage matériel, de l'entrée illégale d'une personne dans un État Partie dont elle n'est ni un ressortissant ni un résident permanent. La spécificité de ce phénomène réside dans le fait que la victime est totalement consciente et prête à se déplacer vers une destination particulière. Elle se présente aux trafiquants et exprime librement le désir d'émigrer. La contrebande prend fin avec l'arrivée des migrants à la destination, tandis que l'exploitation commence et se poursuit pour les victimes de la traite. Avec la contrebande, l'accent est mis sur les mouvements illégaux à travers les frontières, tandis que pour le trafic, l'accent est mis sur la coercition et l'exploitation.[17] Le principal élément de distinction entre la contrebande et la traite des êtres humains est la liberté de choix. La traite est involontaire. Cela implique l'usage de la force et de la violence. Elle ne nécessite pas de mouvement physique de la personne et peut se produire dans le pays d'origine. Cette distinction n'exclut pas le fait que les victimes du trafic puissent devenir des victimes de la traite, en particulier lorsque, à leur arrivée dans le pays de destination, elles se voient refuser leur liberté, gardées sous contrôle, exploitées et inscrites sur le marché du travail ou du sexe.

[16] *Trafic international de femmes et d'enfants, Rapport général*, 2001

[17] Cf. *Protocole des Nations Unies contre le trafic illicite de migrants par terre, air et mer*, 2000.

II.3. Prostitution en Italie et l'arrivée des femmes nigérianes

Le phénomène de la prostitution n'est pas récent. Il date de longues années dans l'histoire de l'humanité. Ceux qui se livrent à la prostitution peuvent le faire comme choix délibéré ou encore comme esclaves contraints par des groupes criminels. En ce qui concerne l'Europe en général et l'Italie en particulier, la prostitution est considérée comme un comportement individuel légitime, et cela pendant la deuxième période d'après-guerre au milieu des années 80. Durant cette période, les femmes italiennes qui pratiquent la prostitution sont conscientes de leur choix libre mais aussi dépendent de leurs conditions socio-économiques. La prostitution s'exercera d'abord dans les rues, puis dans des maisons de particuliers où les femmes se sentent plus en sécurité et émancipées par le « protecteur ». Ce passage des rues vers les maisons eut un impact sur la typologie des clients (choix des clients), c'est-à-dire que les femmes commencèrent à sélectionner le client qui jouira des prestations sexuelles. C'est pourquoi le pourcentage de femmes italiennes se livrant à la prostitution (en particulier dans la prostitution de rue) a tendance à diminuer. Cette réduction du nombre des femmes dans les sex-business en Italie fut le résultat de l'amélioration de la situation économique du pays et de l'émancipation des femmes qui leur ont permis d'accéder à de meilleures opportunités d'emploi. Dans ce contexte, alors que certaines prostituées décident consciemment de mener leur activité, à l'égard desquelles elles revendiquent des droits, d'autres continuent de se prostituer parce qu'elles n'ont pas su ou pu se retirer du « tour ». Nous devons cependant reconnaître que certaines femmes italiennes ne réussirent pas à changer de profession soit à cause de leur âge avancé soit par manque de qualifications adéquates, il leur était difficile de rechercher une autre profession.[18] Elles décidèrent de continuer à se prostituer librement en revendiquant leurs droits.

Au début des années 80, la présence des étrangères dans la rue n'était pas très évidente. Il s'agissait pour la plupart de femmes sud-américaines (Colombie, Pérou, Chili, Brésil) arrivées en Italie le long des canaux de drogue. C'est l'entrée en jeu des femmes nigérianes qui exprime fortement le nouveau cours de la prostitution. Entre la fin des années 80 et le début des années 90, un marché dramatique qui profitait des conditions de misère et de pauvreté devenait reconnaissable.[19] En réalité, c'est vers la fin des années 70 et le début des années 80 que l'Italie est passée d'un pays d'émigration à un pays d'immigration. Des

---

[18] Cf. Ministero dell'Interno. *Osservatorio sulla prostituzione e sui fenomeni delittuosi ad essa conessi. Realzione sulle attivita svolte 1° semestre 2007*, pp.47-49.

[19] Idem, p.47-48

milliers d'immigr sont entrés dans le pays et ont été embauchés principalement dans le secteur agricole. Parmi les immigrées, un nombre important de femmes ont également rejoint le pays à la recherche d'opportunités d'emploi. La prostitution des migrants devint beaucoup plus visible à la fin des années 1980 et au début des années 1990 avec l'augmentation des migrations en provenance d'Europe de l'Est et d'Afrique de l'Ouest (Ghana, Nigeria), qui avait déjà commencé en 1970. Selon diverses études, la forte visibilité était la conséquence de la dissolution de l'Union Soviétique, les guerres yougoslaves et les nouvelles politiques d'immigration mises en place par le gouvernement italien. Entre 1989 et 1990, de nombreux facteurs ont contribué à une croissance rapide du marché du sexe en Italie. Pendant cette période, des femmes de Pologne sont entrées dans les pays et, quelques années après, suivirent d'autres femmes du Nigéria, de Colombie et du Pérou avec des visas touristiques mais restées illégalement dans le pays après leur date d'expiration. En 1993-1994, de nombreuses autres femmes sont venues du Nigéria et d'Albanie. À partir de 1995, des immigrantes de Russie, d'Ukraine, de Moldavie, de Slovénie, de Roumanie et du Nigéria ont été vues dans la rue en Italie et exploitées sur le marché du sexe. En 1989, des femmes de l'ex-Yougoslavie sont apparues, puis (1993-94) les Albanaises et, progressivement, des femmes des pays de l'Est (Moldovie, Ukraine, République tchèque et Slovaquie, Biélorussie). Ces derniers temps, des femmes chinoises ont été impliquées : principalement employées dans la prostitution en salle, elles commencent également à être présentes dans la rue. En bref, la prostitution étrangère en Italie peut être subdivisée en cinq vagues. La première située vers les années 70 et essentiellement constituée des femmes de l'Europe de l'Est et de l'Afrique de l'Ouest. La deuxième vague était celle des Nigérianes et Péruviennes. La troisième vague est d'Albanie en 1993-1994. La quatrième vague en 1995 fut celle des femmes du Nigéria et de l'Albanie. En 1996-1998, la cinquième vague était constituée des femmes en provenance de Moldavie, de Lituanie et d'Albanie.[20] Ces femmes, à l'exception d'une petite minorité, ne se sont pas prostituées dans leurs pays d'origine. Et, qu'elles aient eu connaissance ou non de leur futur travail, elles n'avaient jamais imaginé les conditions dans lesquelles elles auraient été contraintes de l'exécuter. La plupart d'entre elles ne connaissaient pas les conditions d'exploitation violente et agressive auxquelles elles seraient soumises. Selon les estimations, pendant la période allant de 1994 à 1998, au moins 116 prostituées nigérianes auraient été tuées en Italie dans des circonstances diverses.

[20] Cf. idem pp.47-49.

Pour répondre à ce défi, en 2003, pour la première fois, le Nigeria adopta une loi sur la traite des êtres humains. Bien que cette initiative ait été saluée, le rapport de l'ONU, publié la même année, concluait que cette industrie "était répandue dans l'État d'Edo, en particulier à Bénin City et ses environs. En ce temps-là, selon certaines estimations, toutes les familles de la ville avaient au moins un parent impliqué. Des dizaines de milliers de femmes de l'État d'Edo ont continué à pratiquer la prostitution en Europe, et aujourd'hui certaines rues de Benin City portent le nom des « Madames ». La ville regorge de femmes et de filles rentrées chez elles, mais certaines sont incapables de trouver du travail et de retourner en Europe. L'émigration des filles de Benin City a commencé au fil des années 80, quand les premières femmes du peuple étaient fatiguées de la répression, des tâches domestiques et du manque d'opportunités économiques. Elles rejoignaient l'Europe par avion avec de faux documents. Beaucoup ont fini par se prostituer dans les rues des grandes villes comme Londres, Paris, Madrid, Athènes et Rome.

La question des ressortissantes étrangères contraintes de travailler comme prostituées en Italie a été au centre des débats en Europe en ce qui concerne la traite des êtres humains. C'est avec la migration que la prostitution de rue est devenue plus visible. Principalement, dans le cas nigérian, les femmes prostituées étaient des adultes âgés de 25 à 40 ans, mais ces dernières années, le nombre de mineurs nigérians travaillant dans la rue en tant que victimes de la traite des êtres humains a augmenté. Selon l'Organisation des Nations unies pour l'éducation, la science et la culture (UNESCO), le Nigéria figure parmi les principaux pays africains touchés par la traite des êtres humains transfrontalière et interne. En fait, le Nigéria n'est pas seulement un pays d'origine mais aussi un pays de transit et de destination des victimes. Mais il faut reconnaître que les Nigérianes qui exercent la prostitution forcée en Italie forment un pourcentage considérable. Pour cerner les causes profondes de ces migrations massives qui alimentent la traite dans le contexte nigérian, nous énumérons la situation socio-économique pauvre et injuste, le chômage, la corruption, les transgressions des droits de l'homme, les conflits politiques et religieux, l'éducation au droit, les pratiques culturelles discriminatoires, mariages forcés qui affectent principalement les femmes.

Dans cette situation précaire que traversent la majeure partie des familles au Nigeria, les femmes deviennent plus vulnérables. Elles sont la proie des trafiquants qui les recrutent dans les zones de l'État d'Edo et de ses environs. Les trafiquants promettent aux jeunes filles des emplois prospères une fois arrivées dans le pays de destination, l'Italie. Le recruteur peut être un voisin, un pasteur, un ami de la famille, un ami et, dans de rares cas, une personne inconnue qui s'approche et trompe les victimes. Pour renforcer le lien entre victime et trafiquant, un serment traditionnel vaudou/juju est administré par un médecin indigène (appelé aussi prêtre traditionnel) dans le but d'inculquer la peur aux victimes. Ce serment, exécuté devant un sanctuaire ou une rivière, sert de garantie pour le remboursement de la dette, sujétion totale aux membres du groupe criminel jusqu'à l'extinction de la dette. Les victimes doivent aussi jurer qu'elles ne dénonceront pas les trafiquants qui risquent de devenir fous, de souffrir d'une maladie quelconque, et dans certains cas elles peuvent mourir. Les filles croient en ce rite et vivent dans la peur perpétuelle. En fait, pendant le serment, le médecin indigène recueille certaines parties de leur corps, des vêtements et reçoit de la viande crue comme nourriture. C'est un rite magique qui a des conséquences néfastes sur les vies psychique, sanitaire, sociale et culturelle des victimes. Après le rite, la plupart des victimes sont obligées de voyager dans des situations dangereuses en traversant le désert du Sahara et divers pays avant d'atteindre leur pays de destination. Au cours de ce voyage difficile qui peut durer des mois, voire des années, ces femmes sont victimes de vol, violence, emprisonnement, exploitation sexuelle, abus.

Beaucoup meurent sur la route, souvent tragiquement sur le tronçon de mer avant de rejoindre la côte européenne où l'Italie est le principal point d'entrée pour les réfugiés et les migrants d'Afrique vers l'Europe. Nous y reviendrons plus tard dans la troisième partie.

Ces migrants parcourent des milliers de kilomètres dans des conditions épouvantables, à la recherche de meilleures conditions de vie pour leur famille et pour eux-mêmes. Celles qui réussissent à entrer en Italie sont récupérées par les garçons de Madame. Elles sont ensuite remises à leurs Madame qui utilisent les filles comme travailleuses sexuelles dans la rue ou dans des maisons de connexion. Les victimes sont condamnées à opérer dans des situations inhumaines, toujours abusées sexuellement, battues par leurs Madames, les clients ou d'autres citoyens italiens. Ces femmes sont condamnées à vivre pendant des années comme des esclaves dans des conditions inhumaines et inacceptables. Malgré la souffrance et les atrocités qui sont leur pain quotidien, elles ne cessent de se prostituer car elles considèrent que cela est l'unique possibilité pour améliorer leurs conditions de vie et celles de leurs familles. Nous pensions que l'esclavage avait été aboli. Non, il a revêtu diverses formes et continue à faire beaucoup des victimes.

L'homme contemporain continue à perdre la dignité d'être une créature sacrée. Des femmes et des hommes sont des victimes de la traite mais le monde continue son cours normal comme si de rien n'était. Alors que nous pensions que seules les marchandises se vendent, le phénomène de la traite des êtres humains nous démontre que les hommes sont aussi des marchandises que l'on peut transporter, vendre et acheter à un prix forfaitaire, ou échanger avec d'autres bien de valeurs. Ces hommes qui abusent de ces jeunes filles en les maltraitant, en les tuant, en leur infligeant les violences de tout genre confirment le dicton latin : *Homo Homini Lupus.*

PARTIE III

QUESTIONS ET REPONSES AU SUJET DE LA TRAITE DES FILLES NIGERIANES EN ITALIE.

1. Quels sont les facteurs moteurs d'incitation à la migration féminine *nigériane ?*

L'Afrique est l'un des continents les plus peuplés du monde et d'une richesse scandaleuse. Il est cependant regrettable de constater que la classe politique africaine continue à abuser du pouvoir et gère les pays comme des propriétés privées dont l'héritage doit passer du père au fils. Tout ceci en complicité avec les puissances étrangères et la passivité du peuple africain. Le peuple se trouve confronté à une misère indescriptible. Les macro-salaires et avantages économiques sont l'apanage d'une petite poignée, alors que la majorité croupit dans la misère sans rémunération digne. Les routes, écoles, hôpitaux et autres infrastructures sont insuffisants, peu équipés et difficilement accessibles. Une telle médiocrité expose les fils et les filles à la migration irrégulière. Généralement, la traite est alimentée par des facteurs économiques, culturels, politiques. Bon nombre de ces facteurs sont spécifiques aux schémas de traite individuels et concernent les pays dans lesquels ils se produisent.

Discriminations et violences contre les femmes

Dans le monde, les femmes et les enfants sont les principales catégories vulnérables. Ils sont parfois sans défense et sont victimes de harcèlements domestiques, trafics, violences sexuelles et domestiques et inégalités sociales. Dans le contexte des guerres, ils sont des cibles et sont parfois associés au butin de guerre. Dans plusieurs pays, les législations prévoient des sanctions pour ceux qui violent et discriminent les femmes, dans d'autres, cependant, c'est la loi de la force qui prévaut sur la force de la loi. Dans ces pays, il y a incapacité d'engager des poursuites judiciaires pour ceux qui discriminent les femmes, et l'accès à la justice reste l'apanage d'une poignée d'individus. À ces défis s'ajoute l'ignorance des droits fondamentaux des femmes et des enfants.

L'Afrique est un continent majoritairement patriarcal. Les femmes, bien qu'elles soient motrices des foyers africains, continuent à subir des traitements dégradants. Elles n'accèdent pas facilement à la scolarité, à l'héritage et la gestion de la chose publique. Comme si cela ne suffisait pas, elles sont victimes des pratiques dégradantes comme les mutilations génitales féminines (MGF) et les mariages infantiles. Dans plusieurs cas, elles sont pénalisées, violées, tuées et leurs droits fondamentaux niés. Dans certaines sociétés circulent de fausses croyances selon lesquelles avoir des rapports sexuels avec des jeunes filles vierges aurait une fonction préventive et curative contre le VIH/Sida et d'autres maladies sexuellement transmissibles. Les femmes sont victimes des inégalités basées sur le genre au détriment des hommes. Plusieurs femmes ont un accès restreint aux services formels et au marché du travail. Les écarts des revenus entre hommes et femmes sont également fréquents, tout comme le harcèlement en famille comme sur les lieux de travail. Bref, elles sont discriminées et déshumanisées. Il est sans doute vrai que ces traitements inhumains expliquent en grande partie que les jeunes filles africaines se lancent dans l'aventure migratoire avec l'espoir d'habiter sous des cieux où leurs droits seront reconnus et respectés. Et les trafiquants profitent de ces inégalités pour alimenter leurs marchés.

Les mutilations génitales féminines

Cette pratique communément appelée aussi circoncision féminine ou excision constitue l'un des principaux facteurs d'oppression envers les femmes et les filles en Afrique. En effet, les MGF ont été définies par l'Organisation Mondiale de la Santé (OMS) comme toutes procédures qui impliquent une ablation partielle ou totale des organes génitaux féminins externes/internes, que ce soit pour des raisons culturelles ou autres. La même organisation précise que les raisons de la MGF ne sont pas médicales.[21] Elles sont pratiquées dans plus ou moins une vingtaine de pays africains avec une prévalence au Nigeria, en Égypte, au Mali, en Érythrée, au Soudan, au Kenya en République Centrafricaine et dans la partie Nord du Ghana. Comme c'est du Nigeria que nous parlons, il convient de constater amèrement que ce grand pays d'Afrique compte en lui-même environ un quart de femmes circoncises dans le monde.[22] Ces pratiques déshumanisantes profondément enracinées dans la tradition locale et encensées par les garants de la culture reçoivent un soutien considérable de la majorité des peuples autochtones. Même si les facteurs qui expliquent ce genre de pratiques peuvent varier d'une région à une autre, elles ont généralement une connotation socioculturelle. Elles constituent une norme sociale qui a son soubassement dans

[21] Cf. https://www.who.int/fr/news-room/fact-sheets/detail/female-genital-mutilation

[22] Le nombre des femmes mutilées est évalué de 115 à 130 millions

les mythes, les idées préconçues et l'ignorance sur les attentes sociales. Elles ont pour fondement l'initiation des jeunes filles à la féminité, soit pour assurer la virginité, la réduction de la promiscuité, la protection de la pudeur et, la préservation de la chasteté et la purification[23] des jeunes filles. En outre, selon les croyances divulguées, ces pratiques qui modifient les attitudes socio-sexuelles des femmes jouent un rôle prépondérant sur l'augmentation du plaisir sexuel du mari, amélioration de la fertilité, augmentation des opportunités matrimoniales ainsi que la fidélité conjugale. Ceux qui pratiquent les MGF, par ailleurs, soutiennent que cette pratique est préventive surtout en ce qui concerne la maternité. C'est-à-dire qu'elles empêchent la mère et l'enfant de mourir pendant l'accouchement. Elle est aussi pratiquée pour des raisons légales.[24] Des études sur les MGF démontrent qu'elles sont pratiquées à une des diverses étapes de la croissance : à la naissance, à la petite enfance, à la puberté, à l'âge nubile et même pendant la grossesse. Pour les jeunes hommes comme pour les femmes, la circoncision constitue un passage de l'état d'enfance à celle d'adulte en vue du mariage. Les grands décideurs des MGF sont les grands-mères, les mères, les femmes, les leaders d'opinion, les hommes, surtout ceux qui se considèrent comme garant des traditions. Ils sont chargés d'identifier et d'accompagner les jeunes filles afin qu'elles s'acquittent avec succès de cette obligation culturelle. Ces jeunes filles ou encore les femmes (selon le cas) n'ont d'autres choix que de se conformer aux normes édictées par leur société traditionnelle. Dans plusieurs cas, elles revêtent un caractère coercitif surtout quand il y a une moindre résistance. Tout refus est sanctionné et comporte des conséquences néfastes allant jusqu'à la perte du statut social ou même, le cas échéant, l'exclusion de la communauté. Dans les sociétés où se pratique la circoncision (MGF), toute femme incirconcise est impure et immature. Il est sans doute évident que de telles pratiques rendent plus vulnérables les filles, car elles sont réduites à des objets qui doivent être manipulés sans la moindre objection.

Bon nombre de recherches sur ces pratiques ont toujours décrié la cruauté de celles-ci et les conséquences graves qu'elles comportent sur la vie des jeunes filles. En fait, les MGF sont une violation des droits de l'homme et impactent négativement la santé des victimes. Les complications causées par ces pratiques sont évaluées à long et à court terme. Dans l'immédiat, les complications peuvent inclure : douleurs sévères et hémorragies, gonflement des tissus génitaux, fièvre, infections sérieuses (comme le tétanos), problèmes urinaires, problèmes de cicatrisation des plaies, blessure au tissu génital et, dans certains cas, la mort. Les

[23] Il y a une croyance qui stipule que les filles qui ont subi les MGF sont propres et belles après avoir enlevé des parties du corps qui sont considérées comme impures.
[24] Les femmes non circoncises n'ont pas droit à l'héritage.

complications à long terme peuvent inclure: problèmes urinaires (miction douloureuse, infections des voies urinaires); problèmes au niveau de l'appareil génitale et infections variées ; problèmes menstruels (menstruations douloureuses, difficulté à évacuer le sang menstruel, etc.); tissu cicatriciel et chéloïde ; problèmes sexuels (douleurs lors des rapports sexuels, diminution de la satisfaction, etc.); risque accru de complications à l'accouchement (accouchement difficile, saignement excessif, césarienne, besoin de réanimer le bébé, etc.) et des décès de nouveau-nés; nécessité des chirurgies ultérieures. Les conséquences psychologiques sont : dépression, anxiété, trouble de stress post-traumatique, faible estime de soi, etc.. Au Nigeria, outre les Mutilations Génitales Féminines, il existe d'autres formes de violence telles que les viols, l'exploitation des enfants, les travaux forcés dans le secteur de l'agriculture, de l'industrie et de l'artisanat, les mariages précoces et forcés, les violences conjugales, l'expulsion forcée des foyers et des pratiques injustes envers les veuves. Toutes ces formes de violences faites aux femmes ont un impact négatif sur la vie physique, psychologique, sociale. Elles constituent une grave violation des droits de la personne. L'homme a droit à la santé, à la sécurité et à l'intégrité physique, d'être à l'abri de la torture et des traitements cruels, inhumains ou dégradants et du droit à la vie.[25]

Mariage (forcé) des enfants

Dès que les jeunes filles sont circoncises, la société les considère comme des personnes responsables, prêtes déjà à assumer leurs foyers. C'est pourquoi, durant l'âge de puberté, la plupart sont contraintes de contracter le mariage; c'est le mariage forcé des enfants[26]. Ce mariage fait référence à « tout mariage formel ou union informelle entre un enfant et un adulte ou un autre enfant ». L'UNICEF estime qu'environ 12 millions de filles se marient chaque année et le monde compte environ 650 millions de femmes mariées qui sont des enfants. Le mariage précoce contracté sans le moindre consentement des jeunes filles est répandu au Nigéria[27], et principalement dans la partie Nord à prévalence musulmane. Cette

[25] Cf Article 3 de la déclaration Universelle des droits de l'homme qui stipule ceci : Tout individu a droit à la vie, à la liberté et à la sûreté de sa personne. L'Article 5 de la même déclaration poursuit : Nul ne sera soumis à la torture, ni à des Peines ou traitements cruels, inhumains 05 ou dégradants.

[26] L'UNICEF définit un enfant comme toute personne de moins de 18 ans. Une définition influencée par le fait que dans plusieurs pays la majorité est fixée à 18 ans.

[27] Le Nigéria compte le plus grand nombre d'enfants mariées en Afrique de l'Ouest et du Centre, avec 22 millions, soit 40% des enfants mariées de la région, 18% étant mariées à 15 ans et 44% mariées à 18 ans.

pratique est sans doute une forme de discrimination qui déshumanise les jeunes filles déjà dans leur jeune âge (moyennement entre 9 et 15 ans).

Comme les MGF, le mariage forcé des enfants tire son soubassement dans les traditions. Par exemple, au Nord du Nigeria, les normes culturelles associent la virginité d'une fille à l'honneur de la famille et suggèrent que les mariages précoces préviennent les agressions sexuelles, les grossesses hors mariage et le déshonneur familial. Par conséquent, afin d'éviter la promiscuité pouvant conduire au rapport sexuel prémarital et par conséquent être source de déshonneur et de honte, les filles sont mariées avant d'atteindre la puberté.[28] Selon plusieurs croyances traditionnelles, une fille atteint l'âge adulte à la puberté et peut être prise en mariage. Cependant, des enquêtes anthropologiques et sociales approfondies démontrent que la raison profonde du mariage forcé des enfants est purement économique, c'est-à-dire qu'il est fortement lié à la pauvreté. Cette thèse semble être la plus convaincante. Au Nord-Est et au Nord-Ouest du Nigeria, par exemple, le mariage des enfants est un phénomène plus répandu qui s'explique par non seulement la pauvreté mais aussi l'insécurité, le sous-développement, le taux élevé des filles non scolarisées. À travers une interview que nous avons eue avec une médiatrice culturelle, nous avons découvert que, dans la partie Nord, la majeure partie des filles ont des résultats scolaires faibles. Par conséquent, celles qui ne sont pas aptes aux études deviennent automatiquement candidates au mariage.[29] Les peuples Hausa-Fulani du Nigeria, à cause de la pauvreté endémique, considèrent les filles comme un fardeau lourd en famille. C'est pourquoi, à cause de l'incapacité de pourvoir aux besoins fondamentaux des enfants, les parents sont obligés d'interrompre le cursus scolaire des filles pour donner la chance aux garçons d'étudier. Cette préférence est fondée sur une conception selon laquelle les enfants garçons sont des potentiels messies de la famille même après leur mariage, alors que les filles s'occupent principalement de leurs foyers.[30] Par conséquent, les jeunes filles, même sans avoir atteint l'âge requis pour le mariage, se voient engagées en fiançailles souvent avec des conjoints plus âgés. Pour les parents, le mariage des jeunes filles devient source d'enrichissement et une charge de moins transférée à la famille du mari.

Dans tout ce processus de mariage, l'avis des jeunes filles n'est pas nécessaire. Elles sont vues comme des marchandises prêtes à être vendues, livrées et consommées. Cette pratique constitue une des formes des violences faites aux jeunes filles qui violent leurs droits et annihilent leur dignité. Les enfants filles

[28] La SHARIA

[29] Interview avec Cintia une médiatrice culturelle le 07 Mars 2019

[30] Idem

sont obligées d'affronter la vie matrimoniale avec des maris, parfois adultes qui abusent d'elles. Elles deviennent plus vulnérables, victimes des violences domestiques, notamment le viol conjugal et enfin exposées aux maladies. Elles font face aux problèmes sanitaires associés à la grossesse, à l'accouchement et peuvent contracter dans certains cas des maladies sexuellement transmissibles. Ces enfants sans maturité deviennent des mères de famille et assument des responsabilités pesantes sans pour autant être préparées au préalable. Ce sont des enfants qui doivent prendre soin d'autres enfants. Elles sont généralement très stressées et courent de grands risques d'avoir des problèmes de santé mentale à court et/ou à long termes. Le mariage forcé des enfants favorise ainsi le cycle de la pauvreté, l'analphabétisme et le mariage des enfants. En fin de compte, les victimes sont confinées dans les maisons pour s'occuper des travaux domestiques. Elles ratent des opportunités qui pourraient améliorer leur condition de vie. Encore une fois, comme pour les MGF, nous reconnaissons que les mariages forcés des enfants non seulement violent la dignité des jeunes filles, mais plus encore perpétuent la pauvreté et les inégalités pour des communautés et des pays entiers. C'est l'une des raisons pour lesquels les jeunes filles préfèrent quitter le Nigeria pour échapper à cette pratique.

Le phénomène des « enfants sorciers »

Il faut noter aussi le phénomène des « enfants sorciers ». On les accuse d'être possédés par des démons, d'être la cause de maladies et même parfois de causer la mort. Ils sont le pire cauchemar des habitants du détroit du Niger, dans le sud-est du Nigeria. Et pourtant, ils ne sont que des enfants. Ils sont brûlés, battus et chassés de leur maison, souvent par leurs propres parents. Les jeunes filles, accusées de tous les maux du monde, subissent les pires sévices au Nigeria. Ce phénomène est largement véhiculé dans l'industrie cinématographique Nollywood (le cinéma nigérian produisant 2500 films par année). C'est une tristesse et une catastrophe pour la société nigériane. Les accusations de sorcellerie sont souvent faites par des pasteurs qui, prétendant parler au nom de Dieu, les accusent d'être des sorciers. Une façon pour eux de fidéliser les parents à leur paroisse, de faire un peu d'argent, et de gagner de l'influence dans leur communauté. Mais les accusations viennent parfois aussi des parents eux-mêmes[31]. Ce phénomène s'est très vite répandu comme une traînée de poudre dans toute la région : Nigeria, Benin, Togo, Ghana, Burkina Faso et jusqu'en Côte d'Ivoire. Il suffit que l'on mette la main sur une petite fille prise en flagrant délit de vol pour qu'on la traite de sorcière. La loi nigériane interdit pourtant d'accuser un enfant de sorcellerie mais « les policiers et les juges ne l'appliquent pas, pour la simple et bonne raison que plusieurs d'entre eux croient encore aux enfants sorciers ». C'est une croyance populaire et pernicieuse. Ce fléau pousse beaucoup de filles et femmes à quitter le Nigeria et à franchir les frontières des pays à la recherche des terres sécurisées en Europe où elles pourraient vivre en paix.

Le déni à la propriété et héritage

Dans les sociétés africaines à régime patriarcal, les femmes ne jouissent pas facilement des droits à la propriété et à l'héritage. Les enfants garçons sont privilégiés car non seulement ils garantissent la continuité de la lignée mais de plus, ils conservent les propriétés pour la famille. Dans certaines sociétés traditionnelles fortement patriarcales, la conception selon laquelle les filles aussitôt mariées changent de famille persiste. Par conséquent, leur donner les terres ou les propretés signifierait automatiquement les perdre au détriment d'une autre famille. Les enfants garçons sont source de protection de la famille, garant de l'identité et continuité de la famille. Les enfants filles constituent une source de richesse. C'est pourquoi, lorsque les parents distribuent l'héritage, elles ne le reçoivent pas ou, à la limite, en reçoivent une infime partie. Par exemple, au Nigeria, parmi les Igbo et certaines sous-cultures au sein de l'ethnie Yoruba, les filles n'ont pas du tout le droit à une part d'héritage.[32] Dans la plupart des cas, une veuve peut se voir refuser l'accès à la propriété de son défunt mari et, dans d'autres circonstances, elle est considérée comme faisant partie de la propriété à partager entre les membres de famille âgés ou jeunes de sexe masculin. Quand le mari meurt, les frères du défunt peuvent en hériter pour donner descendance à leur frère. Dans d'autres cas, lorsque les femmes deviennent veuves, elles ont certains droits à la propriété si elles ont été capables de donner des enfants à la famille du mari. En cas d'absence d'enfants, ces femmes se voient refuser leur droit à l'héritage après la mort de leur mari. Par ce déni de propriété et d'héritage, les femmes sont marginalisées et privées de droit de participation à la prise de

[31] La presse nigériane et d'autres organisations non gouvernementales parlent régulièrement de ce phénomène qui mine le Nigeria. Cf.https://www.lapresse.ca/international/afrique/2019-05-25/la-presse-au-nigeria-le-cauchemar-des-enfants-sorciers.

[32] Idem

décision et accèdent difficilement au pouvoir politique. De telles pratiques de marginalisation tendent à renforcer la position des hommes et aggraver la détérioration de la position déjà subordonnée des femmes. Ces inégalités rendent les femmes plus fragiles et plus pauvres.

La mort des parents : les défis des enfants orphelins.

L'Afrique a un grand nombre d'enfants orphelins dont les parents sont morts prématurément non seulement à cause de mort naturelle mais aussi à cause de maladies sexuellement transmissibles, des guerres et d'autres fléaux qui continuent à endeuiller le continent. Ces enfants orphelins sont confrontés à plusieurs défis. S'ils ont perdu un parent, l'autre parent vivant doit assumer seul les responsabilités qui, normalement, incomberaient aux deux parents. Et si, par malchance, les deux parents meurent, la famille élargie se distribue les responsabilités allant jusqu'à récupérer les enfants. Cependant, dans les familles non unies, ces enfants orphelins risquent de manquer d'encadrement. La mort des parents a un profond impact sur leur vie. Certains deviennent négligents et délinquants par manque de présence des parents pour la croissance et l'éducation des enfants. D'autres sont victimes d'abus de la part de personnes qui profitent de leur vulnérabilité. Ils souffrent de manque d'affection et de nourriture. Ils sont obligés de travailler même en bas-âge pour se maintenir en vie

La plupart des enfants ont des difficultés pour assurer la continuité de leur scolarité, ils sont dépourvus de vêtements, d'objets classiques pour leur permettre de bien étudier. Très souvent, en milieu rural, ils sont victimes de malnutrition et l'accès aux services socio-sanitaires leur est limité. Plusieurs ont une santé précaire et meurent. En conséquence, ils abandonnent l'école et deviennent sujets à toute forme d'exploitation. Ils courent un plus grand risque d'abus et de maltraitance. Cela les affecte physiquement, moralement et psychologiquement. Tous ces défis créent des traumatismes et des stress émotionnels qui impactent négativement sur la vie émotive des enfants ainsi que sur leurs résultats scolaires. Pour ces enfants orphelins, les besoins fondamentaux comme l'affection parentale, un bon abri, la nourriture, les vêtements manquent parfois. Ce qui fait que les enfants se sentent toujours inférieurs et dépourvus de tout moyen pour ressembler aux autres. Les enfants dont les parents sont malades souffrent bien avant la mort des parents. Ils commencent déjà à manquer d'assistance et ce sont eux qui doivent secourir leurs parents. Plusieurs abandonnent l'école et, en milieu rural, ils sont obligés de se concentrer dans les champs pour nourrir leurs parents malades. Les plus vulnérables sont souvent les enfants filles à qui est confiée la mission de garde-malade tandis que les enfants garçons doivent travailler pour soutenir la famille. Ce qui fait que plusieurs enfants vivent souvent dans des ménages présentant moins de sécurité alimentaire. Ils souffrent d'anxiété et de dépression. Ils peuvent être contraints d'abandonner leurs familles et ainsi perdre leur environnement familier.[33]

Le système de famille élargie s'occupe de la plupart des enfants orphelins mais il y en a encore un bon nombre qui sont abandonnés à leur triste sort. Comme pour le reste de l'Afrique, le fonctionnement du système de la famille élargie évolue. Il a fonctionné pendant des générations comme un filet de sécurité pour les orphelins et enfants vulnérables, mais en raison de la modernisation, cette pratique tend à disparaître. L'un des éléments qui influencent ce changement est la migration vers les zones urbaines qui tend à créer une distance entre les gens et leur famille élargie avec un grand risque d'annihilation de la responsabilité de la famille plus éloignée. Nous devons reconnaître que, mises à part l'indifférence et l'irresponsabilité de certaines familles élargies, nous ne devons pas exclure que la pauvreté est l'une des raisons principales de cet abandon. Parfois le nombre d'orphelins devient difficile à gérer pour les familles pauvres. Les enfants qui ont été accueillis par leurs familles élargies risquent parfois d'être victimes d'inégalités, discriminations, violences, abus et négligence pouvant les exposer à des pratiques comme le vol, la prostitution et la délinquance de tout genre. Certains enfants se voient également refuser tout droit à l'éducation de base, aux soins médicaux et à l'accès à une nutrition appropriée. Tous ces facteurs font des mineurs des proies faciles pour les trafiquants qui profitent de leur vulnérabilité. Le Pape François renchérit en ces termes : *La criminalité organisée et le trafic illégal d'êtres humains choisissent leurs victimes parmi les personnes qui, aujourd'hui, ont de faibles moyens de subsistance et encore moins d'espérance pour l'avenir. Pour être plus clair : parmi les plus pauvres, les plus marginalisés, les plus rejetés.*[34] Plus souvent, ce sont les aînés, filles et garçons confondus, qui sont contraints d'assumer les responsabilités des parents. C'est pourquoi la plupart des jeunes migrants africains vivant en Europe sont des aînés qui décident de migrer pour soutenir le reste de la famille. Ils sont prêts à se sacrifier pour améliorer les conditions de vie de toute la famille.

---

[33] UNICEF (2008) *The state of the world's children: child survival,* UNICEF Publications, New York.

[34] Pape François, *Message vidéo aux participants au IIe Forum international sur l'esclavage moderne,* 7 mai 2018.

2. Quelles sont les causes profondes de la migration féminine nigériane ?

Aux facteurs d'incitation à la migration féminine dans le contexte nigérian, nous pouvons ajouter les causes profondes probables : la situation socio-économique pauvre et injuste, le chômage, la corruption, les violations des droits de l'homme, les conflits politiques et religieux.

Instabilité politique et prolifération des conflits armés[35]

Les années 60 furent caractérisées par les mouvements de revendications des indépendances des États africains. Beaucoup de leaders se fixèrent des rendez-vous à ne pas rater pour réclamer leur souveraineté car, non seulement le joug des colonisateurs était désormais devenu très lourd et insupportable, mais ils retenaient surtout que les États africains avaient atteint une certaine maturité pour assurer leur destinée. L'ingérence des administrations des pays colonisateurs ne favorisait pas le décollage du développement des pays africains. Le Nigeria, grand pays comptant trente-six États et une capitale fédérale, fait partie de ces États africains impliqués dans cette mouvance de réclamation de l'indépendance. Le Nigeria obtint son indépendance le 1er octobre 1960. Une nouvelle constitution fut préparée et un système fédéral fut établi avec un Premier ministre élu et un Chef d'État cérémoniel. Dans plusieurs pays africains, l'indépendance n'a pas été précédée par un temps bien préparé sur la gestion de la chose publique. En fait, jusqu'aujourd'hui, d'aucuns ne cessent de s'interroger sur l'effectivité des indépendances africaines et la fidélité au combat mené par les leaders qui en sont les promoteurs. Sans peur d'être contredits, nous affirmons que le terme adéquat serait (in)dépendance. C'est-à-dire que plusieurs États africains ne sont indépendants que de nom et non dans les faits. Après cinquante ans pour les uns et soixante ans pour les autres, les efforts vers un développement durable et une vraie démocratie traînent toujours le pas. Cette lenteur est due au fait que la plupart des pays africains doivent recourir aux pays occidentaux pour ratifier les décisions les plus importantes de la vie de l'État. Par exemple, plusieurs pensent que le meilleur gagnant des élections est celui qui a été encouragé par les puissances occidentales sans même tenir compte de la capacité de celui-ci de conduire une nation. Pendant les élections, les populations espèrent un

[35] Ces éléments disponibles sur :
https://www.britannica.com/place/Nigeria/Independent-Nigeria
https://www.britannica.com/place/Nigeria/Nigeria-under-Buhari

changement de mode de vie en se choisissant des dirigeants. Ils sont cependant déçus de voir que leur volonté exprimée, parfois accompagnée de sacrifices de sang, n'est pas toujours respectée. La population continue à croupir dans la misère sans pour autant espérer échapper à ce que nous pourrions appeler abusivement *une malédiction.* Bien que notre démarche ne soit pas la révision de la situation politique en Afrique, il convient d'admettre que le terme de migration, surtout celle irrégulière, est strictement connecté avec la qualité de la gestion de la *res publica* africaine.

En principe, le droit de migrer est sacrosaint. C'est pourquoi la migration ne doit pas être réduite exclusivement à la fuite à cause de l'instabilité politique. Une telle conception est erronée mais malheureusement prônée par certains individus dans les pays de destination des migrants qui pensent que les ressortissants des pays paisibles ne devraient pas migrer. Les causes de la migration sont nombreuses et il serait injuste de les restreindre à la guerre et à la faim. Généralement, une personne migre pour améliorer ses conditions de vie et ne doit, en aucun cas, être limitée dans la réalisation de ses rêves. Cependant, pour mieux cerner les migrations des Africains vers l'Occident, l'appréhension de la situation politique fournit un cadre plus clair.

Pendant la période suivant la seconde Guerre mondiale, les colons britanniques, s'étant rendu compte que le mouvement réclamant l'indépendance commençait à gagner du terrain, ont cédé la gestion du Nigeria aux autochtones. En fait, les pays anglophones ont orienté les efforts d'accession à l'indépendance en adoptant une politique d'auto-gouvernance alors que les pays francophones héritèrent malheureusement d'une politique de paternalisme qui a eu un impact négatif. Ces pays sont restés pour la plupart de perpétuels dépendants.

Le Nigeria, car c'est de lui que nous parlons, a connu des hauts et des bas depuis son accession à l'indépendance. Pays multiculturel qui regroupe en son sein plus de trois cents groupes ethniques et plus de cinq cents langues parlées. Les ethnies influentes et majoritaires sont les Hausa, Yoruba, Igbo, Ijaw, Kanuri et Ibibio. Au sein de ces groupes, il existe aussi des groupes mineurs avec des différences linguistiques, culturelles et traditionnelles. S'agissant de la vie politique de ce grand pays d'Afrique, nous rappelons que c'est le 1er octobre 1960, qu'il accéda à l'indépendance en devenant une république. Azikwe devint Président de la République mais le Premier ministre Balewa était encore plus puissant. Ce dernier a dirigea le Conseil exécutif entièrement composé de citoyens nigérians. Ce fut une période profondément marquée par la formation d'un premier gouvernement qui était une coalition de partis conservateurs. Le pays a joui d'une brève période d'accalmie car, déjà entre 1962 et 1963, le pays fut victime de tensions régionales causées par l'esprit de compétitions ethniques, d'inégalités et de déséquilibres économiques. Le Nigeria fut segmenté en trois grandes régions géographiques, chacune étant essentiellement contrôlée par un groupe ethnique : l'Ouest par les Yorubas, l'Est par les Igbo et le Nord par les Hausa-Fulani. Les conflits étaient endémiques, car les dirigeants régionaux protégeaient leurs privilèges ; le Sud se plaignait de la domination du Nord, et le Nord craignait que l'élite du Sud ne soit déterminée à prendre le pouvoir. Une telle subdivision ne va pas sans créer de frustrations. En effet, lorsque plusieurs pays africains sont plongés dans ce que nous appelons la guerre des chiffres par rapport à la représentativité ethnique dans les institutions, la solution semble l'attribution de son territoire à chaque ethnie. L'idée est que si une ethnie ne cohabite pas avec une autre sur un même territoire, les risques de conflits interethniques sont minimisés et les frustrations évitées. Cependant, cette solution semble ne pas être la plus salutaire dans tous les scenarii. Généralement, en Afrique, lorsque le nombre de membres d'une communauté ethnique s'accroît, une compétition naît, culminant dans les efforts de conquêtes d'autres territoires en vue d'expansion. Lorsque les conflits ethniques éclatent, les paisibles citoyens sont abattus, de façon pire que les agneaux de sacrifices, le sang coule comme de l'eau, des villages entiers sont abandonnés, et les populations sont dépouillées de leurs biens. Ceux qui échappent au carnage se déplacent vers des milieux jugés sécurisés. Il est sans doute évident que ces conflits dont le Nigeria fut victime durant les premières années de l'indépendance furent à l'origine des divers mouvements de migrations nationales, régionales et internationales. La situation s'empira en janvier 1966, lorsque, après l'effondrement de l'ordre dans l'ouest à la suite des élections frauduleuses d'octobre 1965, un groupe d'officiers de l'armée tenta de renverser le gouvernement fédéral. En conséquence, le Premier ministre Balewa et deux des représentants régionaux des premiers ministres furent assassinés. La situation alla de mal en pis et l'armée se divisa selon des critères ethniques. Le pays fut alors victime d'une instabilité marquée par une course au pouvoir et des guerres civiles.

Après la pluie vient le beau temps, dit-on. Le boum pétrolier qui a suivi la guerre a permis au gouvernement fédéral de financer des programmes de développement et de consolider son pouvoir. En 1975, le général Murtala Ramat Mohammed initia de nombreux changements au cours de son bref mandat : il entama le processus de transfert de la capitale fédérale à Abuja. Il aborda la question de l'inefficacité du gouvernement et, plus important encore, lança le processus de retour à un régime civil. Malheureusement, les bonnes choses ne durent pas, il fut assassiné en février 1976 lors d'une tentative infructueuse de coup d'État. Le général Olusegun Obasanjo devenu chef du gouvernement s'engagea à instaurer un régime civil. Une nouvelle constitution fut promulguée et le multipartisme nigérian fut inauguré. Engagé à restaurer la démocratie, Obasanjo supervisa les élections de 1979, puis passa le pouvoir au président civil nouvellement élu, Shehu Shagari. Par la suite, Obasanjo se retira et prit part à des initiatives internationales pour mettre fin à divers conflits africains. Candidat au poste de secrétaire général des Nations-unies en 1991, il échoue face à Boutros Boutros-Ghali. En 1993, Sani Abacha prit le pouvoir lors d'un coup d'État militaire mais Obasanjo critiquait son administration. En réponse, en 1995, Obasanjo fut arrêté et reconnu coupable d'avoir participé à un coup d'État planifié, il est condamné à la prison à vie pour complot. La peine est commuée en 15 ans sous la pression internationale, puis purement et simplement annulée à la mort d'Abacha en juin 1998. Clamant avoir « trouvé Dieu » lors de son séjour en prison, il devient chrétien évangélique et se joint à une Église baptiste. Il fit une entrée en politique électorale et devint le candidat du Parti Démocratique Populaire pour l'élection présidentielle de 1999, qu'il gagna. Il fut réélu aux élections de 2003 bien que de nombreuses irrégularités de vote furent signalées. Les tentatives d'Obasanjo de changer la constitution pour abolir les limites du mandat présidentiel furent infructueuses et suscitèrent des critiques. Durant son règne, les conflits ethniques autrefois anéantis par les régimes militaires resurgirent dans diverses parties du Pays. Pendant que les politiques étaient occupés par la crise des successions, les conflits entre ethnies prenaient de l'ampleur et la menace de la milice Boko Haram devenait de plus en plus réelle. Ce mouvement sectaire islamique fut fondé en 2002 dans le Nord-Est du Nigéria. Ce groupe avait comme objectif de mettre fin à la corruption et à l'injustice dans le pays et imposer la Sharia, ou loi islamique. En 2009, le mouvement amplifia sa notoriété et lança plusieurs attaques en ciblant les forces loyalistes, kidnappant, tuant et blessant de nombreuses personnes. Très rapidement, ce groupe multiplia l'intensité et la fréquence de ses attaques au Nord-Est et au Centre du Nigéria en ciblant généralement les bâtiments gouvernementaux, les casernes militaires, la police et les églises et écoles chrétiennes. Cette insécurité a causé plusieurs déplacements internes et externes de populations nigérianes. Dix ans après la fondation du mouvement Boko Haram, sans compter les violences, les pertes en vie humaines étaient estimées à plus de 2800 personnes lâchement abattues soit par la milice soit par l'armée et la police loyalistes.

Ce bref aperçu de la situation politique du Nigeria nous permet de conclure que bien que ce pays géant soit reconnu comme l'une des premières puissances africaines, il a connu plusieurs décennies d'instabilité avec de graves conséquences négatives sur son développement intégral. Parmi les problèmes majeurs qui continuent à retarder l'évolution de ce pays et qui pourraient être à la source de l'émigration de sa population, nous pouvons épingler : crise de légitimité, conflits interethniques, corruption, économie instable, pauvreté, inégalités sociales, incapacité du gouvernement à freiner l'activisme des groupes armées comme Boko Haram.

La pauvreté et la corruption, conséquences du chômage

Le Nigeria est parmi les pays africains présentant une économie moyennement élevée. Son économie est nourrie par des revenus pétroliers, l'agriculture et les investissements étrangers mais le pourcentage des personnes vivant dans la pauvreté a également augmenté. Il figure parmi les pays les plus endettés au monde. Environ soixante-dix pourcent de la population n'a pas accès à des services tels que l'eau, l'électricité, les soins de santé de base et l'éducation ; seul un adulte sur deux sait lire et écrire, deux enfants sur dix meurent avant l'âge de 5 ans, environ la moitié de la population enfantine souffre d'un retard de croissance important en raison de la malnutrition.[36] Ce grand pays d'Afrique est parmi les plus pauvres du monde tant en termes de conditions matérielles vitales qu'en termes d'accès aux droits fondamentaux. Le Nigeria est connu et redouté pour sa corruption. Certains exagèrent même en associant ce pays à la corruption.[37] C'est un système qui a élu domicile dans plusieurs institutions nationales ainsi que dans toutes les sphères de la vie ordinaire des citoyens. Et là où règne la corruption, les antivaleurs de tout genre s'enracinent. Le Pape François dans son adresse durant la célébration de la journée mondiale de la paix en 2015 dénonce la corruption en ces termes : *... la corruption de ceux qui sont prêts à tout pour s'enrichir doit être comptée parmi les causes de l'esclavage. En effet, l'asservissement et le trafic des personnes humaines requièrent une complicité qui souvent passe par la corruption des intermédiaires, de certains membres des forces de l'ordre ou d'autres acteurs de l'État ou de diverses institutions, civiles et militaires.*[38] Depuis plusieurs décennies, au Nigeria, les politiciens s'accusent mutuellement d'alimenter la corruption sans pour autant s'engager pour l'éradiquer. La corruption des agents de l'ordre comme la police et les autres responsables chargés de renforcer le respect des lois est reconnue comme un aspect qui alimente la traite des êtres humains et un obstacle dans son

---

[36] Cf. CORSO C., TRAFIRO A., *...E siamo partite . Migrazione , tratta e prostituzione straniera in Italia*, p. 20-23.

[37] DANIEL J.S, (traduction d'Étienne Smith), « Corruption, culture politique et démocratie au Nigeria. Réactions populaires à la croisade anti-corruption du président Obasanjo» in *Politique africaine* 2007/2 (N° 106), pages 28 à 45.

[38] Pape François, *Message pour la célébration de la Journée mondiale de la paix 2015*, 8 décembre 2014.

éradication. Le mal engendre le mal, dit-on, la pauvreté engendre la corruption. La corruption est toujours décriée car elle constitue un frein au développement et ouvre les portes à d'autres maux terribles comme la drogue, la prostitution et la traite des personnes, l'esclavage, le commerce d'organes, le trafic des armes, etc.[39] Au cours des entretiens réalisés avec les migrants, ceux-ci ne cessaient de dénoncer la corruption dans l'appareil étatique entier. Elle est pratiquée par des agents de l'État comme les policiers, les officiers de la migration qui usent aussi de la violence pour rançonner les paisibles citoyens. La corruption crée des classes au sein de la société nigériane. Fatima, une médiatrice culturelle qui travaille depuis longtemps en Italie dans le Centre Dedalus[40], confirme que cette corruption a fait du Nigeria un pays où les riches s'enrichissent davantage et les plus pauvres s'appauvrissent. La richesse produite ne profite pas à tous, mais elle est concentrée entre les mains d'une poignée des gens.[41] À cela s'ajoute la présence des groupes armés, tels que Boko Haram qui continuent à endeuiller de nombreuses familles. Ces conflits ne font qu'alimenter la spirale d'instabilité politique. Cette situation d'impasse politique, comme dans beaucoup de pays africains, plonge par millions la population nigériane dans la pauvreté et le chômage. Un autre aspect important est l'accès aux services sociaux. Le Nigeria est le pays le plus peuplé d'Afrique et occupe la septième position au niveau mondial. Selon les statistiques de 2017, il a une population estimée à environ 190 millions. Les familles sont nombreuses, les politiques sociales sont inadéquates et parfois inexistantes. Et, par conséquent, les parents ne sont pas capables de supporter le poids de la famille. Plusieurs sont obligés d'investir dans la migration de l'un des enfants pour améliorer les conditions de toute la famille. *Il vaut mieux qu'un se sacrifie pour le salut des autres,* semble être le principe moteur du projet migratoire de nombreux migrants. Généralement, ce sont les enfants aînés et/ou les plus forts physiquement qui partent dans l'espoir de pouvoir supporter le voyage et de pouvoir soutenir la famille une fois arrivés dans le pays de destination.

La question environnementale n'est pas de moindre importance au Nigeria surtout dans les territoires du Delta du Niger. L'extraction du pétrole produit la pollution aux conséquences extrêmement néfastes sur l'alimentation, l'eau et la santé de la population. Dans cette vaste région, d'énormes étendues des terres sont détruites par les marées noires toxiques. Cette destruction est accompagnée par la passivité des autorités gouvernementales et l'insensibilité des multinationales

[39] Cf. Pape François, *Discours aux participants à la Conférence internationale des associations des Entrepreneurs catholiques* (UNIAPAC), 17 novembre 2016.
[40] Dedalus est une association œuvrant à Napoli /Italie depuis 40 ans
[41] Interview Fatima 22 March 2019.

pétrolifères qui ne servent qu'à nourrir la frustration dans la population en devenant source de conflits.[42] Outre la pollution, il faut ajouter les pillages dévastateurs, l'expropriation illégale des terres qui appauvrissent davantage les populations dépendant de la pêche et de l'agriculture. Il est indéniable que la migration irrégulière et la traite des êtres humains ont leurs racines dans cette énorme confusion alimentée par des conditions de précarité, pauvreté, négation des droits fondamentaux, violence et exploitation, chômage, pauvreté, manque d'éducation, discrimination sexuelle, violence générale et/ou domestique, Ces conditions engendrent la frustration des populations qui ne voient leur salut qu'ailleurs, sous d'autres cieux.

Pour la plupart, en effet, l'Occident est et représente, dans l'imaginaire collectif des populations, l'unique possibilité d'échapper à une existence négativement marquée par la misère. Malheureusement, cette option est plus complexe et parsemée d'embûches notamment à cause de l'absence de politiques migratoires adéquates, qui entraînent inévitablement des conditions d'irrégularité et le risque de recrutement par les organisations criminelles. Les réseaux criminels organisés profitent de la naïveté des jeunes et de la situation précaire pour générer d'énormes profits grâce au trafic et à l'exploitation. Pour ceux qui décident de migrer, la tâche n'est pas facile. Ils doivent d'abord faire face à la douleur d'abandonner leur terre pour aller vers une terre inconnue puis être victimes des traitements inhumains tout au long de leur parcours migratoire.[43] Les femmes demeurent les plus vulnérables car exposées aux violences non seulement dans la société nigériane mais aussi par celles qui les gèrent durant le voyage. En fait, certains migrants, face aux traitements dégradants ne cessent de répéter que l'on est mieux chez soi. Et moi, je renchéris que, pour certains, migrer n'est pas une solution salutaire pour échapper à la souffrance dans son pays d'origine mais est plutôt faire l'expérience d'un crocodile qui se réfugie dans un lac par peur d'être mouillé par la pluie. La plupart deviennent doublement vulnérables. D'abord pauvres dans leur pays d'origine puis victimes au cours du voyage et dans le pays de destination. Bref, les vulnérabilités sont liées aux conditions dans le pays d'origine, au cours du voyage et dans le pays de destination. Plusieurs voyagent sans être en possession des documents appropriés ou moyens financiers suffisants pour financer le trajet.

[42] AGENCE FRANCE-PRESSE, *Nigeria : la pollution causée par l'exploitation pétrolière a des effets désastreux*, article Publié le 30 juin 2009 à 7h48. Mise à jour à 11h55.

[43] Une discussion distincte est celle des femmes nigérianes. Souvent victimes des abus à la maison, selon les estimations de l'OIM, environ 80% des femmes.

Dans cette partie, notre démarche est d'identifier les facteurs qui poussent les victimes à migrer jusqu'à tomber dans les pièges tendus par les trafiquants. Nous avons donc retenu que ces Nigérians cherchent, au péril de leur vie, à émigrer de façon irrégulière vers l'Europe, pour plusieurs raisons qui sont, entre autres :

- La pauvreté en terme absolu.
- Le chômage.
- Un projet individuel ou familial, à la recherche du bonheur ailleurs.
- L'insécurité politique et la peur des groupes armés.
- Les phénomènes sociaux comme les calomnies (sorcellerie).

Tous ces facteurs et tant d'autres, sont à la base des migrations. Dans les lignes qui suivent, nous montrerons comment ce voyage vers le pays où coulent le lait et le miel est et a accouché d'une souris pour la majorité des filles et femmes qui sont devenues esclaves sexuelles en Italie.

3. Quels sont les facteurs d'attraction des filles migrantes ?

Premièrement, les facteurs d'attraction pour les femmes migrantes en Italie sont alimentés, à la base, par la confiance placée en de fausses promesses de travail, l'espoir de pouvoir échapper aux difficultés dans les pays d'origines et enfin le rêve occidental qui enthousiasme les jeunes du tiers-monde convaincus de pouvoir échapper à la misère en allant en Occident. En ce qui concerne les facteurs d'attraction vers l'Italie, les débuts des années 80 ont inauguré l'ouverture des premiers sex-shops, l'expansion de la télévision commerciale à tendance pornographique, la prostitution masquée et les premières tournées d'hommes célibataires (*uomini soli*). Ces facteurs ont énormément contribué à l'expansion du marché du sexe des migrants.[44] À la fin de cette décennie, selon un rapport des Nations unies, « la peur du sida avait éloigné les clients des prostituées italiennes toxicomanes », qui ont été remplacées par des Nigérianes de l'État d'Edo.

Parmi les immigrées africaines, un nombre important de femmes recevaient des promesses de travail dans le pays de destination. Celles-ci, trop confiantes, pensaient échapper aux difficultés de la vie en allant en Europe mais, malheureusement, finissaient dans les rues comme des professionnelles du sexe. L'une des facteurs clé était et reste la demande croissante des services sexuels, à laquelle s'ajoute une demande croissante de migrants pour servir de main d'œuvre

[44] MASSARI M., *Il corpo degli altri. Migrazioni, memorie, identità,* p.44.

moins chère dans différents services et d'autres formes d'exploitation. Comme déjà écrit, en Italie, la prostitution proprement dite des migrants acquiert plus de visibilité à la fin des années 80, mais elle était un phénomène déjà réel vers les années 70. Selon diverses études, la grande visibilité serait la conséquence de la dissolution de l'Union Soviétique, les guerres yougoslaves et les nouvelles politiques d'immigration mises en place par le gouvernement italien. L'émigration des filles de Benin City au Nigeria a commencé dans les années 80, lorsque les premières femmes ont atteint l'Europe par avion avec de faux documents. Celles-ci étaient à la recherche d'opportunités économiques en vue de leur émancipation. La plupart des femmes étaient celles avec une expérience négative du foyer : séparées ou divorcées. Le manque de travail pouvant garantir une vie digne et décente les a poussées à se prostituer dans les rues de grandes villes comme Londres, Paris, Madrid, Athènes et Rome. Ces filles ne gagnaient pas beaucoup selon les standards de vie en Europe mais leur revenu était suffisant pour survivre et soutenir la famille restée dans le pays d'origine. Beaucoup de femmes racontent qu'elles ont été capables d'investir et d'améliorer l'habitat familial. La vie des femmes africaines en Europe changeait et la plupart devenaient des commerçantes attirant la curiosité de celles restées au pays qui nourrissaient en elles l'envie de pouvoir elles aussi faire l'expérience de l'Europe alors que les vrais enjeux et modalités d'acquisition de la richesse leur restaient cachées. Les histoires des femmes émigrées parlaient d'emplois bien rémunérés tels que coiffeuses, musiciennes, couturières, femmes de ménage, gardiennes d'enfants, gouvernantes et serveuses dans des restaurants, ce qu'elles faisaient vraiment en Italie restait mystérieux. Plusieurs parents ont incité leurs filles à emprunter de l'argent pour aller en Europe et aider la famille à sortir de la pauvreté. Durant cette période, beaucoup louent les bienfaits d'émigrer et les pasteurs en font les sujets de leurs sermons en exaltant la richesse des femmes migrantes vivant en Europe. Au fil du temps, les prostituées sont devenues des Madames qui employaient d'autres personnes au Nigeria en provenance d'Italie : des recruteurs, des trafiquants et des personnes qui ont falsifié des documents.

4. Qui sont les victimes de la traite et d'où viennent-elles ?

Les victimes de la traite des êtres humains en Italie ne sont pas seulement nigérianes bien qu'elles représentent un pourcentage considérable. Dans les rues de l'Italie, on retrouve d'autres femmes de l'Afrique occidentale, maghrébine ainsi que les femmes de l'Europe, principalement de l'Europe de l'Est, de l'Asie, de l'Amérique du Sud. Parmi les femmes étrangères engagées dans le commerce du sexe, présentes sur le territoire italien, on distingue deux grands groupes : le premier est constitué de filles des pays de l'Est, soutenues par des organisations criminelles principalement albanaises et roumaines ; le second, comprenant de jeunes femmes africaines, principalement nigérianes. Les femmes originaires d'Albanie et des pays de l'ancien bloc de l'Est, qui représentent un pourcentage non-négligeable, sont souvent trompées par les membres de l'organisation ou même enlevées et transportées vers les territoires où la demande dans le domaine du travail du sexe est la plus forte. Mais comment ce phénomène a-t-il pris de l'ampleur en Italie. Les historiens de la migration nous renseignent que vers la fin des années 80 et le début des années 90, de nombreux facteurs ont contribué à la croissance rapide du marché du sexe en Italie. Au cours de cette période, les femmes polonaises sont entrées dans le pays après les femmes nigérianes, colombiennes et péruviennes. En 1993-1994, beaucoup d'autres femmes sont venues du Nigéria et d'Albanie. En 1995, les immigrantes de Russie, d'Ukraine, de Moldavie, de Slovaquie, de Roumanie et du Nigéria ont été vues dans les rues d'Italie exploitées sur le marché du sexe. La question des ressortissantes étrangères contraintes de se prostituer en Italie a été au centre des débats en Europe en ce qui concerne la traite des êtres humains. Rappelons que c'est avec la migration que la prostitution de rue est devenue plus visible. Les femmes nigérianes enrôlées dans la prostitution étaient âgées de 25 à 40 ans. Cependant, le nombre de filles mineures a augmenté ces dernières années.

Selon l'Organisation des Nations unies pour l'éducation, la science et la culture (UNESCO), le Nigéria est le premier pays africain touché par la traite des êtres humains, qu'elle soit transfrontalière ou interne. En fait, le Nigéria n'est pas seulement le pays d'origine, mais également le pays de transit et de destination des victimes. Au début des années 80, c'est-à-dire la période marquant la première vague, la migration féminine nigériane était constituée des femmes provenant principalement des milieux urbains. Dans nos conversations avec les jeunes filles nigérianes, nous avons découvert que la majorité venaient du Benin City. Les autres États de provenance sont notamment l'État du Delta et d'autres États du Sud, tels que Abia, Anambra, Akwa Ibom, Cross, Ebonyi, Ekiti, Enugu, Lagos, Oyo, Osun, Ondo, Imo ou les États centraux de Kaduna et du Plateau. Plusieurs d'entre elles transitent à Benin City.[45] Cette partie du Nigeria constitue le lieu central de départ pour la plupart des victimes. Une identité, parfois fausse pour certaines, est adoptée pour se sentir liées à leurs bourreaux majoritairement originaires de Benin City. À Benin City, les victimes-esclaves recrutées à travers le territoire national sont rassemblées pour des séances d'initiation. Elles

[45] Interview avec Fatima une médiatrice culturelle, le 06 mars 2019

apprennent la langue du milieu et adoptent les noms de Benin City. Voilà pourquoi, dans diverses conversations, la plupart des jeunes filles se prétendent originaires de cette zone. En résumé, les motivations de la migration féminine vers l'Italie sont : la recherche de l'émancipation, de l'indépendance et de la liberté, le regroupement familial, le souci de l'autoréalisation, le désir d'accroître les revenus et enfin la demande accrue des prestations sexuelles en Italie.

5. Qui sont les trafiquants ?

Avant d'aborder cette question, il convient de reconnaître de prime abord qu'il y a moins d'informations disponibles sur les trafiquants que sur les victimes de la traite. Cela demande une compétence particulière qui permet d'étudier profondément les structures et les éléments constitutifs de la traite dans ses détails. Comme une telle étude ne relève que de la compétence des forces de l'Ordre, tout chercheur qui s'investit dans une telle démarche doit s'appuyer sur les éléments de recherche disponibles auprès des autorités militaires et/ou policières. Déchiffrer clairement l'identité des trafiquants n'est pas une entreprise facile comme le croiraient certains.

Malgré cette difficulté relevée, grâce aux interviews, nous avons cherché à comprendre l'identité des trafiquants. Une autre recherche se baserait sur l'identité de ces individus avant qu'ils ne deviennent des trafiquants et comment ils sont devenus des trafiquants. Ce que nous pouvons affirmer est que le fondement et la raison d'être de la traite est d'ordre financier. Qui s'enrôle dans la raison criminelle espère devenir riche pour améliorer sa condition économique et celle de sa famille. Au cours de nos recherches, nous avons découvert que les trafiquants peuvent être impliqués dans diverses fonctions et activités comme recruteurs, transporteurs ou exploiteurs pendant différentes étapes du processus y compris la falsification et la rétention des documents sans oublier la corruption. Des groupes criminels organisés sont impliqués dans le circuit de la traite à différents niveaux opérationnels. Le Pape François qualifie fréquemment les trafiquants comme des gens sans scrupule, sans morale ni éthique qui profitent du malheur de certaines personnes, exploitant les émotions humaines et le désespoir de ces personnes pour les soumettre à leur volonté, les réduisant à un état d'esclavage et de servilité.[46] Les trafiquants peuvent être des hommes ou des femmes de tout âge. De plus en plus, les femmes jouent un rôle lors des phases de recrutement et d'exploitation. De même, on déplore l'utilisation croissante

[46] Cf. *Pape François, Dialogue avec les participants à la Journée de prière et de réflexion sur la traite des personnes*, 12 février 2018.

d'adolescents, de jeunes, d'hommes et de femmes âgés parfois avec un niveau d'études très bas mais expérimentés dans la gestion du phénomène de la traite des êtres humains. Les trafiquants, chacun selon sa position dans le groupe criminel, interviennent au sein du réseau soit comme recruteur, transporteur et gestionnaire pendant la phase d'exploitation opérant à la fois dans un pays et/ou au-delà des frontières. Rien n'exclut qu'une personne puisse parfois intervenir à différentes étapes et phases de l'exploitation.

S'agissant de la gestion de la traite, il faut bien reconnaître le rôle des femmes. Elles sont pour la plupart d'anciennes victimes qui ont expérimenté la souffrance et ont joui des avantages de la prostitution. Parfois, ce sont même les victimes encore sous le joug qui recrutent d'autres filles et ainsi acquièrent un statut un peu supérieur. Osant une comparaison, l'ONUDC affirme que les hommes représentent la grande majorité des délinquants pour de nombreux crimes, mais les femmes semblent jouer un rôle de premier plan dans les affaires de traite des êtres humains

Par exemple, en Europe de l'Est, en Asie centrale et au Nigeria, le rôle de la femme dans la gestion de la traite semble prédominer. Cette tendance est également signalée dans d'autres parties du monde. Les femmes trafiquantes jouent un rôle clé à la fois dans la phase de recrutement, voyage et transfert des victimes, la gestion de la phase d'exploitation, bref, elles sont présentes durant tout le processus de la traite. Parfois, le rôle des femmes trafiquantes est d'appuyer les hommes qui, généralement, s'occupent d'assurer l'accompagnement des victimes et de veiller à leur discipline pour ne pas échapper au circuit. Il n'est pas dit que tous les groupes criminels gestionnaires de la traite des êtres humains soient mixtes. Dans certains cas, le circuit est uniquement composé de trafiquants de sexe masculin. Dans d'autres cas, l'opération peut être guidée par des figures exclusivement féminines.

6. Comment les trafiquants opèrent-ils ?

La complexité et la multiplicité des réseaux criminels impliqués dans la gestion de la traite donnent lieu à un *modus operandi* diversifié, avec, cependant, des éléments communs. Ainsi, il existe, dans plusieurs pays, divers réseaux qui opèrent soit indépendamment soit en connexion. Ces groupes peuvent se spécialiser dans différents liens de la chaîne de la traite des êtres humains, comme le recrutement personnel, le transport ou la gestion des personnes. Les plus grands réseaux criminels ne fonctionnent pas nécessairement indépendamment les uns des autres. Il existe des liens établis avec d'autres formes de criminalité organisée, comme le trafic d'armes et de drogues, ventes des organes et autres formes de criminalité. Autrement dit, les gestionnaires de la traite sont parfois impliqués dans la contrefaction, la contrebande (le trafic de la drogue, des minerais et biens volés etc.). En bref, nous pouvons dire que le phénomène de la traite semble géré par des organisations criminelles composées de personnes sans conscience et dont l'unique souci reste l'accumulation des biens, peu importent les modalités.

Ces groupes criminels peuvent être stratifiés de la manière suivante : le premier niveau est représenté par des organisations à base ethnique et nationale qui planifient et gèrent le transfert des victimes du pays d'origine vers celui de destination. Le deuxième niveau est constitué des organisations criminelles des pays de transit ou frontaliers avec les pays de destination, qui assurent le transport, l'hébergement temporaire et l'entrée illégale des immigrés. Enfin, à un niveau inférieur, il existe des organisations criminelles mineures qui agissent en faveur de groupes de niveau supérieur dans les activités de recrutement, de transport, d'entrée des victimes.[47] Cette catégorisation n'affecte pas tellement le modus operandi de ces groupes caractérisés par l'usage de la force et de la violence sur les victimes avec des conséquences néfastes sur les vies affective, psychique et physique des victimes. Par exemple, les organisations criminelles d'origine albanaise qui gèrent la traite des filles en provenance des pays d'Europe de l'Est sont principalement composées d'hommes, l'une des caractéristiques qui les distinguent est précisément la brutalité physique et la torture auxquelles elles soumettent leurs victimes.[48] Les femmes nigérianes n'étant pas épargnées de cette coupe amère.

En plus, même si parfois ces groupes peuvent vivre dans des relations antagonistes, les occasions de collaboration ne sont pas rares. Dans des pays touchés par la traite, il existe des groupes d'individus qui se constituent en réseau local avec possibilités des ramifications dans les pays de transit et dans les pays de destination des victimes. Cette collaboration et cette synergie qui s'étendent dans plusieurs pays donnent un caractère international. L'un des éléments distinctifs des petits et grands groupes criminels est que les grands étendent leur activité en dehors des frontières, c'est-à-dire que leur activité est transnationale. Mais dans les deux groupes, tous les rôles : recruteurs, gardes du corps, transporteurs et décideurs qui négocient les conditions financières, sont entièrement remplis. Nos recherches auprès des victimes et médiateurs culturels confirment que la traite des êtres humains peut être menée par contacts spontanés

---

[47] Cf. http://www.carabinieri.it/editoria/rassegna-dell-arma/la-ra segna/anno- 2008/n-2---aprile-giugno/studi/il-fenomeno-del-trafficking-e-la-prostituzione-delle-donne-emigranti

[48] Idem

informels de bas niveau jusqu'aux contacts internationaux hautement organisés. Dans ces réseaux circulent de grosses sommes d'argent qui facilitent le transfert des victimes à travers un système soutenu par la corruption. Les trafiquants impliqués dans la traite peuvent être en même temps des criminels ou s'appuyer sur de grands réseaux à criminalité organisée qui servent à sécuriser le processus de transfert des victimes, la mafia par exemple ou les associations ésotériques. Parmi ces dernières, en effet, il existe des groupes criminels qui pratiquent encore des sacrifices humains dans certains pays, même en Occident. De ce fait, ils collaborent couramment avec des trafiquants d'êtres humains qui leur fournissent soit des corps entiers (vivants ou morts) soit des organes tels que les langues, les organes génitaux… pour leurs cultes mystiques.

7. Comment s'opère le recrutement des filles ?

Vers les années 80, les femmes migrantes nigérianes provenaient principalement des contextes urbains. Après quelques décennies, plusieurs jeunes filles commencèrent à être recrutées dans les zones rurales. La plupart furent les aînées des familles qui, traditionnellement jouent le rôle des parents quand ces derniers décèdent ou encore dans des familles moins riches. Ce sont généralement des filles qui ont la grande responsabilité de soutenir économiquement leurs frères et sœurs puinés. En Afrique, les aînés jouent parfois les rôles des parents. Ils se retrouvent avec un poids important sur les épaules. Certains n'hésitent pas à migrer pour mieux s'occuper de leurs familles pauvres et améliorer leurs vies. Cette vulnérabilité devient un terrain d'opération pour les migrants qui se considèrent comme des messies.

Les exploiteurs utilisent diverses modalités pour contacter leurs victimes potentielles. Un petit pourcentage des filles destinées à la prostitution est victime des enlèvements. À partir de conversations tenues avec les jeunes filles nigérianes, nous avons constaté qu'au cours du processus de recrutement, il y a différentes figures qui font partie du circuit des trafiquants. La plupart des femmes/jeunes filles sont recrutées par des personnes qui les connaissent. Le recruteur peut donc être une femme appelée Madame ou *MAMA LOA*, ou encore un membre de la famille de la jeune fille (cousin, oncle, tante…), un voisin, un médecin autochtone, un ami ou celui des trafiquants qui fait partie du groupe criminel.[49] Les témoignages des jeunes filles confirment qu'elles ont été recrutées par des personnes qui les connaissaient directement à partir des familles, de l'école, de lieu de travail, de l'église… Fatima Ehikebolo, médiatrice culturelle, décrit le

[49] Interview avec Blessing OKOEDION médiatrice culturelle 13 septembre 2019

recrutement de victimes en ces termes : *Parfois, ce sont les familles des filles qui recherchent les sponsors, c'est-à-dire ceux qui exploitent des personnes, dans d'autres cas, ce sont les trafiquants eux-mêmes qui recrutent les filles. Ils vont dans les villages pour trouver des jeunes filles à envoyer en Europe.*[50]

Les recruteurs identifient les jeunes filles sur la base de leur vulnérabilité. Plus elles sont pauvres, plus elles sont exposées aux trafiquants. Ils établissent un climat de confiance en leur faisant de fausses promesses. Ils leur offrent de l'argent, des cadeaux précieux en provenance de l'Italie. Ils visitent les familles des jeunes filles et sponsorisent par exemple leurs anniversaires pour les rassurer de leur proximité et montrer leur souci de les aider à éradiquer la pauvreté. Une victime nous a livré ce témoignage :

> *J'ai été approchée par une amie de ma tante qui est une femme prospère dans notre village. Elle m'a demandé si j'avais un rêve de voyager en Europe. J'ai dit oui, mais je lui ai dit d'arranger tout avec mes parents. Elle nous a visités, elle a parlé avec mes parents sur la possibilité de voyager vers l'Europe. Nous avons passé un bon moment ensemble. Et ce fut le début de son aventure.*[51]

Certaines victimes très talentueuses sont recrutées en tant qu'artistes musiciennes, sportives, chanteuses religieuses, serveuses dans des hôtels, femmes de ménage, ouvrières d'industries et d'usines, coiffeuses, créatrices de mode etc. Nulle n'est préparée à affronter la vie de prostituée aussitôt débarquée en Europe. Les recruteurs rusés promettent aux filles, qu'aussitôt arrivées en Europe, elles travailleront honnêtement et gagneront facilement leur vie. Cependant, le pire arrive déjà alors qu'elles ne se trouvent qu'au début du processus. Certaines familles acceptent simplement de livrer leurs filles parce que cette opportunité est parfois offerte par des personnes de confiance comme des amis ou des copines de famille, même de parents. Blessing est une jeune fille nigériane qui a miraculeusement échappé au circuit de la prostitution et nous a confié ce témoignage :

> *Un beau jour, une dame du nom d'Alice m'a dit qu'elle avait un frère en Espagne. Il gérait des magasins d'informatique en Europe et en tenait d'autres aussi au Nigeria. Il avait besoin de quelqu'un pour l'aider, une personne compétente et de confiance. Elle avait pensé à moi. J'étais très heureuse et honorée. Finalement, mes études et mes efforts allaient être reconnus et récompensés. Et même si, jusqu'à ce moment, je n'avais jamais pensé aller à l'étranger, cela me semblait une excellente opportunité. À ce*

[50] Interview avec Fatima médiatrice culturelle le 06 Mars 2019

[51] Interview avec Irène le 4 mars 2019

moment-là, je ne soupçonnais rien, je n'avais aucun doute sur elle. En voyant son style de vie, elle n'inspirait aucun soupçon. Elle apparaissait d'une bonne vie et juste, elle priait beaucoup et n'avait pas de difficultés économiques. Quand elle m'a proposé d'aller travailler pour son frère, j'étais très heureuse. Elle m'offrait une occasion, pourquoi n'aurais-je pas pu accepter ? Elle me tendait la main, comment pourrais-je refuser ? Alice a dit qu'elle se serait occupée de tout. Elle a pris mes documents, mon curriculum vitae, mon diplôme universitaire... Moi, je suis allée faire le passeport. Puis un jour, elle m'a appelé : Félicitations! Maintenant tu dois aller à Lagos. Elle ne m'a pas donné trop d'explications, mais j'y suis allée. Là, j'ai rencontré un homme qui portait l'uniforme des agents d'immigration. Alice disait que c'était son « frère », une personne sur laquelle nous pourrions compter. Nous avons discuté longuement sur le travail que je devrais faire et elle m'a demandé d'apprendre un certain programme, mais moi je n'avais pas assez d'argent pour m'inscrire à une autre école. Nous avons parlé longuement. Elle insistait sur le fait qu'elle cherchait une personne sérieuse. J'ai commencé à douter quand elle m'a menée à l'ambassade de l'Italie. Alors je me demandais pourquoi, pourtant je devrais aller en Espagne. L'Italie, chez nous au Nigeria, est mal réputée. Je ne savais presque rien, mais on disait qui va en Italie finit par gâcher sa vie. Mais Alice m'a dit que j'aurais eu un visa Schengen et qu'avec cela, je serais allée en Europe. Je n'ai plus posé de questions[52]

Une autre stratégie dans le processus de recrutement est l'usage des nouvelles technologies de communication. Les trafiquants utilisent Facebook, Instagram, WhatsApp pour publier des photos des filles qui apparemment ont déjà changé positivement leur vie mais qui, en réalité continuent à souffrir sous le joug de l'exploitation sexuelle. Des méthodes audiovisuelles sont utilisées par les recruteurs, notamment des cassettes, des photos et des vidéos, des séries et films télévisés, des lettres écrites par des proches ou des connaissances se trouvant déjà dans le pays de destination. Tout cela a pour but de d'attirer les proies et de leur faire croire que celles déjà arrivées sont heureuses et prospères.[53] Les filles naïves sont stimulées et se livrent aux trafiquants dans l'espoir de pouvoir devenir riches dans un bref délai. Pour ces criminels, tous les coups sont permis pourvu qu'ils atteignent leur objectif. Ils n'hésitent pas par exemple à opérer dans certaines églises de réveil et pentecôtistes avec parfois la complicité des pasteurs ou fidèles influents. Certains pasteurs autoproclamés servent d'intermédiaires pour recruter

[52] Interview avec OKOEDION B. Ce même témoignage est disponible dans son livre *Il coraggio della libertà*, pp10 – 11.

[53] Interview avec Fatima le 06 Mars 2019

de futures esclaves. Les médiatrices culturelles d'origine nigériane que nous avons rencontrées nous ont révélé qu'à Benin City, certains panneaux publicitaires installés par des pasteurs invitent les fidèles à les consulter pour soit obtenir la bénédiction de Dieu et devenir riche soit obtenir plus facilement un visa d'expatriation à travers des miracles extraordinaires. Ces pasteurs, après avoir attiré les jeunes filles avec ces publicités trompeuses, leur disent qu'ils ont des amis qui peuvent les aider à aller en Europe. Ces hommes de Dieu, qui devraient avoir pour mission de mettre en communion les fidèles avec Dieu, les mettent en connexion avec des trafiquants. Un tel comportement des hommes et des femmes qui se disent pasteurs déçoit plusieurs filles qui, au lieu de vivre heureuses dans les pays de destination, sont vendues et leur futur se retrouve totalement hypothéqué.[54] Il arrive parfois que ces filles, de leur propre initiative, recherchent les trafiquants pour faciliter leur migration vers l'Europe. Elles sous-estiment les risques du voyage et pensent qu'elles peuvent surmonter les dangers, elles sont convaincues que cela peut durer quelques mois pour enfin amasser de l'argent et s'enrichir. Elles sont sous-informées de la vie réelle des filles exploitées. Les filles qui espèrent trouver l'herbe fraîche dans les pays de destination deviennent malheureusement esclaves, vivant une condition de vie extrêmement pénible et dangereuse. Malheureusement, l'État qui devrait s'occuper de faciliter une migration régulière ne fait pas son travail.

8. Les parents des filles sont-ils complices de l'exploitation ?

La complicité des parents est parfois implicite. Nous imaginons que peu de parents livreraient leurs enfants dans les sales mains des bourreaux pour être sexuellement exploités. Les parents impliqués indirectement dans le processus de recrutement sont persuadés par les trafiquants que leurs filles voyageront aisément dans le strict respect des lois nationales et internationales. Les trafiquants rassurent en prétendant que tous les frais de voyage seront entièrement pris en charge et qu'enfin ils prendront soin de leur trouver du travail hautement rentable. Ils font croire que le voyage de leur fille sera l'occasion pour toute la famille de s'enrichir. Par conséquent, les parents sont incités avec de l'argent à libérer leurs filles. Les familles investissent dans l'une de leurs filles dans l'espoir que lorsqu'elle arrivera en Europe, elle améliorera les conditions de vie de toute la famille. Arrivées en Italie, les filles travaillent d'arrache-pied, comme des esclaves, pour payer la dette et envoyer ensuite des sommes d'argent aux familles.

[54]Interview Blessing O. avec des larmes aux yeux, s'est montrée vraiment déçue par ce comportement des hommes et femmes chrétiens.

Elles doivent aussi faire face aux multiples dépenses comme la nourriture, le logement, le marchepied où elles opèrent, le transport, la santé, les maquillages pour rester toujours attirantes et autres dépenses. Certains parents savent que leurs filles seront entrelouées comme des esclaves sexuelles mais leur esprit mercantile et leur cupidité les poussent à livrer leurs enfants aux bourreaux. Dans leur discours d'adieux, ces parents insistent et obligent leurs enfants à rester soumis fidèlement à leurs sponsors jusqu'à ce qu'ils comblent leur dette. La traite devient comme une stratégie de survie et un moyen de satisfaction des attentes. Dans le cas où les parents sont impliqués, les filles sont recrutées par le consentement soit du père, de la mère, du frère, du petit ami ou même du mari. Les familles impliquées sont prêtes à en payer le prix et à en sacrifier un membre de la famille tant qu'il y a de l'argent à gagner. Les médiatrices culturelles nous ont révélé que certains parents et membres de la famille font pour la plupart partie des accords et utilisent dans certains cas leurs biens comme garantie de paiement de la dette. Et dans certains cas, les filles qui ont déjà des enfants les remettent aux trafiquants en gage. Au Nigéria, il est notoire que des policiers corrompus sont complices et aident les trafiquants à menacer, à harceler les membres de la famille des victimes en vue de renforcer la fidélité et l'obéissance.[55]

9. Quel est le rôle de la Madame au Nigeria ?

La traite des êtres humains à des fins sexuelles est parmi les business les plus rentables du monde. Les trafiquants acquièrent des richesses d'une façon malhonnête. Ils se font passer pour des philanthropes dans des régions où l'État est quasi inexistant. Personne n'ose questionner *le modus operandi* de ces « pseudo bienfaiteurs » qui ruinent la vie des pauvres citoyens. C'est dans cette catégorie que l'on retrouve les soi-disant Madames. Cette illustre figure de la traite des humains est surtout une femme riche et/ou d'une classe supérieure. La Madame ou Mama Loa ou la prêtresse, est une figure principale, importante et puissante dans la traite. Elle joue le rôle d'intermédiaire entre les filles, gère l'organisation qui prépare le voyage mais c'est aussi la femme chez qui les filles résident dans le pays de destination. En fait, elle joue deux rôles dans le circuit de la traite : le premier est celui de la marraine, une femme qui sera le point de référence de la victime et en second lieu une intermédiaire entre la victime, la famille de la victime et le circuit entier. Dans de nombreux cas, les Madames sont des femmes ex-victimes qui décident de se transformer en bourreaux une fois

[55] Interview avec Fatima Mediatrice culturelle le 06 mars 2019.

qu'elles ont fini de payer la dette.[56] Au Nigeria, la Madame joue le rôle d'intermédiaire entre les jeunes filles et le groupe criminel qui prépare le voyage. Elle est aussi la dame *Manager* à laquelle les jeunes filles sont confiées. Elle les contrôle et les supervise de près ou de loin durant toute la durée d'exploitation. Pour cela, elle reste le point de référence pour ces dernières et collecte les revenus soit directement soit par des tierces personnes à son service. Concrètement, elle est une *Sponsor*, c'est-à-dire la personne chargée de suivre et de coordonner tout le parcours à partir du recrutement au Nigeria jusqu'à l'organisation du départ, de l'arrivée des victimes ainsi que de la permanence dans le pays de destination. Le témoignage de Blessing raconte comment la Madame s'est impliquée dans le processus pour faciliter son voyage :

> *À l'ambassade, Alice a parlé avec un homme, je ne sais pas qui il était. Moi, au contraire, je n'ai fait aucune interview. Ils m'ont donné un visa de deux ans pour motif de travail. Puis nous sommes retournés à Benin City ensemble. Après un temps, elle m'a appelée en me disant de me préparer pour partir. J'étais très tourmentée, agitée et émotionnée... Je devais faire vite, tout préparer, saluer les amis et la famille. Elle-même m'a accompagnée à l'aéroport. Mais à l'immigration, ils avaient dit que mon visa était faux... je ne comprenais pas, comment était-ce possible ? Alors, Alice a fait intervenir son « frère » que j'avais déjà rencontré. Il a parlé avec l'agent qui posait problème. À la fin, ils m'ont fait passer. J'étais un peu affaiblie mais ne suspectais rien. À ce moment-là, j'ai compris que cette dame avait un pouvoir. Même cet homme, celui de l'immigration avait un pouvoir. Je savais que, qui a un pouvoir peut obtenir tout ce qu'il veut au Nigeria.*[57]

Alice jouait le rôle d'acheteuse. Dans la plupart des cas, cette opération est conclue sur le territoire italien à l'aide des intermédiaires qui peuvent être aussi des Madames.

---

[56] Cf. MORNIROLI A., (a cura di), *Maria , Lola e le altre in strada. Inchieste, analisi, racconti sulla prostituzione migrante*, p.50.

[57] OKOEDION.,- POZZI A., *Il coraggio della libertà*, p.11.

10. Quelles sont les relations entre les dames et l'organisation criminelle ?

Les Madames peuvent recruter elles-mêmes les jeunes filles ou utiliser des intermédiaires.

Celui qui recrute pour rassurer les victimes se présente comme le sponsor de tout le voyage. Les Madames opèrent en connivence avec les groupes criminels pour non seulement se protéger mais aussi menacer les victimes et leurs familles en cas de désobéissance ou de refus de payement de la dette. La « dette » en question, de quoi s'agit-il en réalité ? En fait, le sponsor arrive au Nigeria, sollicite les familles pour qu'elles laissent partir leurs enfants en Europe. Les familles sont pauvres, elles n'ont pas d'argent pour payer le billet d'avion, le visa ou organiser le voyage. Le sponsor « prête » alors de l'argent et des services à la famille et leur fournit l'essentiel pour le voyage de leur fille. Celle-ci devra donc travailler dur pour rembourser cette dette. Et la famille en est consciente mais elle se porte garant pour cela. La fille voyage donc sans savoir le travail qui l'attend en Europe. Une fois sur place, elle devient esclave sexuelle malgré elle parce qu'elle n'a plus le choix. Elle n'a ni le moyen ni la possibilité de retourner au Nigeria. Et surtout, la pression pèse désormais sur elle et sur sa famille car elle est dans l'obligation de payer la « dette ». Voilà donc comment les filles et les femmes se retrouvent liées à des organisations criminelles. Parfois l'argent à rembourser dépasse les limites de l'imaginable, des milliers d'euros que ni la fille, ni sa famille ne peuvent rembourser facilement. Par conséquent, elle se livre. L'organisation a des ramifications partout. Dans les ambassades, il y a des gens qui peuvent faciliter l'obtention du visa, dans les services d'immigration, aux frontières, dans les compagnies aériennes, dans les hôtels, elle a des yeux et des oreilles partout. C'est le propre même de toute organisation criminelle : avoir le bras long, un bon carnet d'adresses et donc, une influence importante dans le monde. Dans le pays de destination, les groupes criminels aident les Madames à contrôler les victimes sur les lieux de travail pour que celles-ci ne s'échappent pas ou ne tombent pas entre les mains des services de sécurité. Ils sont payés par les Madames pour chaque service rendu et/ou pour le poste de marchepied qu'occupent les filles dans les rues. Leur implication dans les activités criminelles les rend automatiquement membres du réseau à tous les étages. Les organisations qui gèrent la traite à travers le monde sont différents par les stratégies mais il existe des éléments qui, selon le cas, peuvent être communs, à savoir l'usage de la violence. La dette à payer et un système de contrôle auquel il est difficile d'échapper.[58]

[58] Interview avec Fatima Médiatrice culturelle le 06 Mars 2019.

11. Quel est l'âge des filles ?

La première vague des dames destinées à la prostitution (vers les années 70 et 80) était essentiellement constituée de femmes adultes dont l'âge variait entre 25 et au-delà. Au fil des temps, l'âge moyen est descendu entre 18 et 20 ans. De nos jours, avec la détérioration des conditions économiques, sociales et politiques du Nigeria, les mineures dont l'âge varie entre 13 et 17 ans sont de plus en plus présentes. Nous reconnaissons la grande difficulté d'établir avec certitude l'âge moyen des femmes nigérianes victimes de la traite. Très souvent, dès leur arrivée, elles sont obligées de mentir. Elles suivent les instructions de leurs bourreaux qui exigent qu'à chaque fois que quelqu'un demande leur âge, elles doivent mentir en annonçant un âge majeur et non mineur. À partir des conversations avec les jeunes filles, nous avons toujours eu l'impression qu'elles ne déclaraient ni leur véritable âge ni leur véritable identité. Habituellement, demander l'âge d'une femme semble impoli et offensif. Pour les victimes de la traite, révéler sa véritable identité (âge, nom, provenance et adresse) c'est s'exposer aux organisations qui protègent les mineurs. Or, celles-ci pourraient facilement la faire s'échapper du circuit et par conséquent mettre en risque leur vie et celle de leur famille. La plupart des mineures, catégorie délicate à contrôler, sont contraintes par les trafiquants à se prostituer à l'intérieur de maisons ou dans des hôtels loin du regard des services sociaux. C'est la catégorie des filles sujettes à de multiples transferts afin d'éviter les plus grands risques découlant de leur âge inférieur. Cette stratégie mise en œuvre par les groupes criminels rend la tâche difficile aux services engagés dans la lutte contre la traite. Le recrutement des mineures pour des fins de prostitution est fondamentalement motivé par la demande croissante des clients consommateurs du sexe. Ils recherchent les plus jeunes, les plus fortes, attrayantes et surtout les adolescentes. En fait, leur jeune âge les rend plus obéissantes et par conséquent manipulables.

Il faut noter que la traite des êtres humains se fait toujours avec le concours des acteurs religieux. En effet, les sociétés africaines sont très attachées aux croyances animistes à l'homme religieux, qu'il soit prêtre traditionnel, chrétien, musulman… il est vénéré dans presque toutes les cultures de ce vieux continent. Ainsi, lorsque les Madames ou leurs émissaires arrivent au Nigeria, elles s'appuient sur l'aide des prêtres, surtout Vaudou, pour convaincre les familles ou pour faire respecter les engagements pris. En réalité, ils utilisent des fétiches lors des serments, pour maintenir une emprise sur les victimes qui doivent rembourser la dette. La Vaudou, plus qu'une religion, est une culture au Nigeria, au Togo et au Bénin. Il contribue beaucoup à l'étouffement de la conscience des peuples et constitue un canal par lequel passent les trafiquants pour avoir une mainmise sur les victimes.

12. En quoi consiste le rite Voodoo ? Origine et expansion.

L'origine du mot *vodou* ou vaudou est encore polémique à ce jour. Certains dignitaires Fons[59], pensent qu'il proviendrait de *vo-bo-dou* qui signifie littéralement en langue Fon « se mettre à l'aise pour manger ». Une signification qui serait inspirée par l'idée de *l'esprit de partage avec les divinités*. Mais cette explication ne fait pas l'unanimité. Le Voodoo est une religion qui situe ses origines dans le continent africain surtout dans sa partie occidentale (Benin, Togo, Nigeria). La République moderne du Bénin est considérée comme le lieu de naissance de cette religion et le nom de Voodoo lui-même signifie esprit en langue Fon locale. Il a été suggéré que le vaudou en Afrique de l'Ouest était issu des anciennes traditions du culte des ancêtres et de l'animisme. Elle est une appellation qui, en quelque sorte, englobe toutes les religions traditionnelles du Bénin.[60]

Cette religion (ou encore rituel selon le cas) est pratiquée sous des formes variées dans le monde. Cette diversité est liée au fait que la traite des noirs, pratique inhumaine qui eut lieu entre les XVIe et XIXe siècles a éparpillé les Africains sur le continent de destination. Lorsque les esclaves africains furent amenés sur le continent américain pour travailler dans des plantations, ils ont apporté avec eux ce qui leur été précieux, la religion *voodoo*. Cependant, leurs maîtres blancs avaient d'autres visions concernant la pratique religieuse de leurs esclaves. Une loi de 1685, par exemple, interdisait la pratique des religions africaines et obligeait tous les maîtres à christianiser leurs esclaves dans les huit jours suivant leur arrivée en Haïti. Par exemple, de 1719 à 1731, la majorité des captifs africains amenés et réduits en esclavage en Louisiane étaient des peuples Fons de l'actuel Bénin ; d'autres groupes tels que les Bambara, Mandinga, Wolof, Ewe, Fulbe, Fon (Dahomean), Yoruba (Nago), Chamba, Congo, Ibo, Ado, Hausa et Sango (Hall) ont également apporté leurs pratiques culturelles, linguistiques et croyances religieuses enracinées dans l'esprit et le culte des ancêtres. Leur connaissance des herbes, des poisons et de la création rituelle de charmes et d'amulettes, destinés à se protéger ou à nuire à autrui, est devenue un élément clé

[59] Une tribu répandue au Bénin
[60]Cf. http://www.slateafrique.com/693/benin-berceau-vaudou.

du voodoo dans le pays de destination.[61] Les pratiquants du rite Voodoo s'adonnaient donc à la fabrication et au port des charmes et des amulettes pour la protection, la guérison. Le mal des autres était un aspect clé du début du vaudou en Louisiane. Par exemple, le Ouanga, un charme utilisé pour empoisonner un ennemi contenait les racines toxiques du figuier maudit, importé d'Afrique et conservé en Louisiane. La racine broyée est combinée avec d'autres éléments, tels que les os, les ongles, les racines, l'eau bénite, les bougies saintes, l'encens sacré, le pain sacré ou les crucifix. Les esclaves qui pratiquaient le Voodoo portaient aussi des gris-gris et vénéraient les ancêtres avec un accent mis sur le respect des ancêtres. Les Africains esclaves professaient le christianisme mais n'abandonnaient pas leurs croyances traditionnelles. Ce syncrétisme a fait que beaucoup de saints catholiques ont éte identifiés avec les Voodoo lwas (esprits) traditionnels ou avaient une double signification pour les praticiens du vaudou. Par exemple, dans le vaudou haïtien, Saint-Pierre est reconnu comme étant le gardien du monde des esprits, Papa Legba, tandis que Saint-Patrick est associé à Dumballah, le serpent Lwa.[62]

Le voodoo, à l'origine, n'a rien à voir avec la sorcellerie ou la magie noire. Dans la cosmogonie de l'aire culturelle Adja-Tado au sud (Adja, Fon, Goun Ewe…), c'est une pratique religieuse qui consiste au culte d'un Dieu créateur (Mahou) au-dessous duquel se trouvent d'autres dieux inférieurs (Sakpata : dieu de la variole ; Ogoun : dieu du fer ; Mami Wata : déesse de l'eau, etc.) qui servent d'intercesseurs à l'homme pour atteindre le Dieu Tout-Puissant. C'est cette religion qui, à l'époque, a permis aux esclaves de garder, non seulement espoir, mais aussi d'être en contact avec leur terre natale. La force de croire en Dieu et en la protection de celui-ci a aidé les uns et les autres à supporter les conditions inhumaines et l'éloignement qui étaient les leurs. Transmise de génération en génération, cette religion est pratiquée dans de nombreux pays d'Amérique latine, où elle s'est enracinée au fil des âges.[63]

13. Quelle est la connexion entre Voodoo au Nigeria et la traite des êtres humains

Le Nigeria, est un grand pays constitué de 48,3% de chrétiens et 48,9% de musulmans et les 2,8% restant de la population totale sont des adeptes de religions

---

[61]Cf.https://www.ancient-origins.net/history-ancient-traditions/origins-voodoo-misunderstood-
religion

[62] Idem

[63] Marcus Boni Teiga op.cit http://www.slateafrique.com

indigènes et d'autres religions non affiliées. Bien que la religion dominante dans le sud du Nigéria soit le christianisme (notamment catholique et protestant), la dimension surnaturelle-traditionnelle est profondément ressentie. La plupart des Africains, quelle que soit leur appartenance religieuse, croient en la force des ancêtres et l'effet du culte des êtres spirituels. Conscients de cette croyance et de ses conséquences négatives en cas de transgression, les trafiquants utilisent le rituel vaudou/juju pour garantir l'inviolabilité des accords entre les deux parties. C'est la raison pour laquelle les jeunes filles, après la célébration de ce rite croient fermement que toute désobéissance conduit à une punition grave, voire à la mort.[64] En bref, le voodoo est pratiqué comme religion traditionnelle avec une fonction propre à chaque religion, celle d'unir le transcendant à l'immanent, le temporel à l'éternel, le mortel à l'immortel.

Le rituel voodoo est très ancien et est très souvent utilisé par les adeptes du juju pour sceller les accords commerciaux, en particulier la vente des terres sous serment de juju pour s'assurer que l'autre partie ne manque pas à l'accord. En d'autres occasions, un serment de juju était conclu pour formaliser des mariages ou des demandes d'enfants émanant de dieux de la fertilité. En fait, le rituel vaudou devait être consulté par ceux qui souhaitaient se marier pour savoir comment se porterait le mariage de ceux qui souhaitaient avoir des enfants. Lorsque de tels enfants naissent, une cérémonie est célébrée devant les sanctuaires traditionnels voodoo/juju et ils sont dédiés aux dieux. Le juju est aussi consulté par des voyageurs pour se rassurer que rien de mal ne pourrait affecter négativement leur parcours. Juju est également consulté et utilisé pour traiter avec des esprits malfaisants perçus comme responsables de différentes calamités dans la communauté.[65]

Dans le scénario de la traite des êtres humains, le rituel Voodoo sert à lier les victimes à leurs trafiquants. L'exercice de la sorcellerie, placé à la base des croyances populaires africaines, conditionne tellement les filles qu'elles craignent des répercussions désastreuses, rappelées à travers le « mauvais œil » pour elles-mêmes et leurs familles au moment où elles ne parviennent pas à s'entendre avec l'organisation.

Normalement la Madame est aidée par les groupes criminels qui organisent toute la documentation nécessaire pour le voyage. Un contrat qui explique de manière détaillée les termes et conditions du pacte est signé par la famille en présence du notaire. Ce document stipule le montant à payer et les garanties fournies par la famille. Les biens matériels peuvent être le gage de ce pacte qui,

[64] Interview avec Cintia, une médiatrice culturelle, le 7 mars 2019.
[65] Certains éléments résultent des entretiens que nous avons eus avec Fatima et Cintia.

une fois non respecté, entraîne des conséquences lourdes sur la famille de la jeune fille. Pour renforcer ce pacte, les victimes sont forcées de pratiquer le rituel Voodoo administré par l'officiant *prêtre traditionnel* appelé *native doctor* ou *Baba Loa ou BabaLao.* Un *Babalawo* (ou Babalao, ou Babaaláwo, prononcé Baba-a-láwo) au Nigeria est un prêtre d'Ifa, en langue yoruba. Beaucoup d'auteurs, pour la plupart africains, considèrent que le fondateur des Yorubas fut Oduduwa, d'origine arabe. On peut donc affirmer que le Yoruba est une langue qui a quelques origines arabes. En swahili, une autre langue africaine d'origine arabe, le mot Baba Lao signifie « Le papa, leur papa ». Ainsi, le Baba Lao est le papa de la sagesse, il représente les enseignements de la Sagesse. Ils sont considérés comme les dépositaires de la sagesse, la sagesse incarnée, les sages, les sophos africains.

Les *babalawo* affirment s'assurer du futur au travers de leur communication avec l'Esprit suprême qui dirige le monde. Cette communication est effectuée au travers des formes prises par la chaîne de divination *Opele* (ekuelé) ou par des noix de palmiers appelées *ikin* sur le plateau de divination, traditionnellement en bois. Un serment fait devant ces Babalao est un serment inviolable. Une fois qu'ils sont bien payés par les trafiquants, ils se mettent à leur service et font faire aux victimes tous les serments que les trafiquants vont exiger. Un rite sacré est alors célébré pour accompagner le serment.

14. Comment le prêtre Voodoo célèbre-t-il ce rite ? Objets utilisés et implications sur la vie des victimes.

Après que toutes les tractations et négociations ont été conclues, les trafiquants conduisent la jeune fille auprès du *prêtre Voodoo*. Celui-ci fait jurer à la victime qu'elle ne trahira jamais la personne qui « l'aide » à voyager, sous peine de mort ou folie. Les filles doivent également jurer de rembourser tous les frais de voyage. Les trafiquants les accompagnent alors chez le médecin autochtone (un Baba Lao ou un prêtre du Fa) pour qu'elles exécutent un serment traditionnel vaudou ou Juju. Le rite, qui est une copie de la religion traditionnelle africaine occidentale, est administré à la victime de la traite afin de la contrôler depuis le recrutement jusqu'à l'extinction de la dette. Les victimes jurent devant les sanctuaires traditionnels qu'elles rembourseront la somme convenue une fois qu'elles auront atteint le pays de destination. Le serment fondé sur des croyances très répandues parmi les Nigérians est utilisé comme un avertissement et une menace pour les victimes. Il prévoit que quelque chose de terrible peut arriver à la victime si elle ne verse pas la somme convenue, si elle désobéit à Madame ou s'enfuit, ou si elle révèle l'identité du trafiquant. En fait, selon les cultes animistes, si les engagements souscrits ne sont pas pleinement respectés, les victimes ou leurs membres de famille en souffriront terriblement. Celles qui désobéissent peuvent soit devenir folles soit mourir. Les victimes prêtent serment avant de quitter Benin City, bien que certaines des victimes interrogées aient déclaré ne pas avoir prêté serment jusqu'à leur arrivée en Italie.[66] Si le serment n'est pas respecté, le trafiquant s'arrange toujours pour que quelque chose de fâcheux arrive à la fille ou à sa famille : un accident de la route, une maladie incurable, un empoisonnement… Les trafiquants sont de ce fait des criminels capables de tuer ou de faire souffrir certaines filles afin de semer la terreur dans les consciences d'autres filles. L'exercice de la sorcellerie, placé à la base des croyances populaires africaines, conditionne tellement les filles qu'elles craignent des répercussions désastreuses, rappelées à travers le « mauvais œil » pour elles-mêmes et leur famille, au moment où elles ne parviennent pas à s'entendre avec l'organisation criminelle.[67]

Ce rite est au centre du phénomène de la traite des êtres humains et constitue non seulement un avertissement mais plus encore un pacte fort. Une fois le rite terminé, selon les cas, les victimes peuvent soit retourner dans leurs villages respectifs en attendant le début du voyage, soit partir directement vers les terres occidentales. Cette pratique ésotérique reste limitée seulement aux trafiquants, aux victimes et au célébrant. Elle n'est pas ouverte aux médias ni aux autorités ni à des organisations qui luttent contre le trafic des êtres humains.

Le prêtre traditionnel, dans le plein exercice de ses fonctions sacrifie les animaux (une poule, une colombe, une chèvre, etc…). Les victimes racontent avoir été soumises à ce rite de différentes façons mais avec maintes ressemblances. Par exemple, à leur arrivée au lieu de la célébration, on leur dit de se déshabiller. Le prêtre Voodoo, après avoir reçu une somme d'argent conséquente procède à la cérémonie, parfois assisté par les trafiquants. Ceux-ci recueillent certaines parties du corps de la femme notamment les cheveux, les poils pubiens, les ongles, le sang dans le but d'engendrer de la peur chez les victimes et/ou de les hypnotiser. La bête qui sert pour le sacrifice est abattue par le prêtre traditionnel officiant. Dans certains cas, on ordonne à la fille de le faire. Les morceaux de la bête sacrifiée sont dorés et mêlés à des poudres et d'autres

[66] Interview avec Cintia, une médiatrice culturelle 07 mars 2019

[67] Cf. http://www.carabinieri.it/editoria/rassegna-dell-arma/la-ra segna/anno-2008/n-2---aprile-giugno/studi/il-fenomeno-del-trafficking-e-la-prostituzione-delle-donne-emigranti

ingrédients locaux (cola) et enfin remises à la jeune fille qui doit les consommer (crus ou cuits selon le cas). En mangeant, le prêtre traditionnel fait répéter des paroles du serment ou jurement. Ces rites sont très effrayants. De nombreuses victimes vivent continuellement dans la peur parce qu'elles ont mangé les cœurs crus des poules, elles ont donné au sorcier leurs ongles, les poils pubiens, le sang menstruel, certains habits intimes qu'elles portaient. Pour elles, toutes ces parties rassemblées et conservées ont renforcé la croyance en un serment qui ne peut pas être facilement rompu. Ces parties servent au contrôle des victimes. Les victimes considèrent le fait de laisser ces éléments personnels dans les sanctuaires comme une sorte de duplication de leur existence. Parfois dans les interviews, elles nous disent qu'elles sont en Italie mais en réalité leur esprit est contrôlé à partir de leur pays d'origine.

Pour donner plus d'importance encore à ce rituel et augmenter la peur, des « paquets » contenant soit les objets de la victime soit les parties du corps ou encore du sang sont donnés à Madame qui contrôlera la victime et parfois aussi la famille (qui agit en tant que garant). Ce sont des symboles du pacte qui doit être obligatoirement respecté. Rappelons que toute partie du corps laissée dans le sanctuaire des médecins indigènes sert à renforcer l'alliance qui lie les victimes aux trafiquants. Ces éléments servent à être utilisés contre les filles au cas où elles décideraient de ne pas payer. Plusieurs fois pendant le serment, le prêtre traditionnel rappelle le strict respect du pacte.[68]

Pour insinuer les graves conséquences néfastes dont les filles seraient victimes en cas de violation des pactes, le prêtre traditionnel représente un scenario de mort en les allongeant dans le cercueil ou en tuant soit une poule soit une colombe en leur présence. Pendant que les jeunes filles se couchent dans le cercueil, habillées parfois d'habits de personnes précédemment morts à cause du non-respect du pacte, le prêtre traditionnel insiste que toute désobéissance leur coûtera la vie dans le pays de destination et qu'elles seront ramenées au Nigéria dans le même cercueil. Tuer une bête en leur présence signifie qu'elles subiront le même sort. Devant celles dont le sang menstruel est extrait, la bête est mise dans un récipient verrouillé puis jetée dans la rivière. Ce geste signifie que leur vie est entre les mains de la déesse de la rivière. Parfois, les mots prononcés par le prêtre traditionnel apparaissent comme une sorte de prière implorant la protection sur les jeunes filles durant le voyage.[69]

Une jeune fille victime de la traite nous confie son témoignage :

---

[68] Interview avec Cintia médiatrice culturelle le 07 mars 2019

[69] Interview avec Fatima médiatrice culturelle le 06 mars 2019

Le jour même du serment, on m'a dit d'acheter des choses. J'ai acheté une poule, des noix de cola et du poivre. Ils m'ont emmenée au sanctuaire pour jurer. Devant le sanctuaire, le prêtre traditionnel a pris mes ongles des mains et des pieds, il a coupé les cheveux de ma tête et les poils des parties intimes. Il a ensuite ramassé mes sous-vêtements, noué un tissu blanc autour de ma poitrine. Il m'a dit de répéter après lui tous les mots qu'il a prononcés. Il a pris une chèvre et me l'a mise sur la tête, il lui a coupé la tête. Le sang a coulé sur tout mon corps. Le prêtre traditionnel m'a dit : tu vois cette chèvre qui saigne sur toi, ils te conduisent en Europe, si tu ne leur rends pas les frais dépensés pour toi, c'est comme ça que tu vas mourir et saigner comme cette chèvre. Ensuite, le prêtre traditionnel a commencé à parler dans diverses langues et m'a dit de répéter toutes les paroles prononcées. Maintenant, je ne me souviens pas de ces mots puisque je ne les comprenais pas, car elles étaient des paroles étrangères à ma langue maternelle et à l'anglais. C'était une langue inconnue. Ensuite, l'homme tua une poule et fit sortir le cœur frais, non cuit, puis le plaça sur une assiette. Il y mit la noix de cola et ajouta du poivre. Il m'a dit de le manger. Il me dit alors : tu vas maintenant en Europe, si tu ne veux pas rembourser l'argent, ou si tu veux aller signaler à la police comment ils t'ont emmenée ou si tu fuis avec un gars et que tu ne veux pas rembourser, dis après moi que tu vas mourir et ils vont ramener ton cadavre ici au pays. J'ai fait comme il me l'a demandé. En poursuivant le rite, il m'a donné un mélange de liquide et je l'ai bu. Il a apporté un pigeon et me l'a mis sur la tête. Il m'a dit de répéter après lui : comme ce pigeon va mourir sur ma tête, je vais aussi mourir et rentrer au Nigeria si je ne respecte pas le pacte. Il a maintenant commencé à invoquer certains mots que je ne comprenais pas. Après cela, le pigeon est mort et il l'a jeté à l'intérieur du sanctuaire en face de moi. Il m'a dit de me lever. Il m'emmena à un autre endroit où il y avait un trou plein de feuilles traditionnelles. Il m'a dit de les laver. J'ai commencé à les laver ; plus je les lavais, plus le liquide contenu dans les feuilles sortait et se mélangeait à de l'eau pour former un liquide vert. Il y avait une poudre d'une craie indigène. Après avoir mélangé, le prêtre traditionnel me dit de mélanger avec de l'eau. Il m'a demandé de répéter après lui : tu vas maintenant en Europe, si tu ne paies pas, ou si tu veux aller informer la police de la façon dont ils t'ont amenée ou si tu t'enfuis avec un gars et que tu ne veux pas rembourser la dette, dis après moi que tu vas mourir. J'ai répété toutes ces paroles en utilisant la première personne. Après avoir prononcé ces mots, j'ai pris le liquide dans la salle de bain et je me suis baignée. Quand j'ai eu fini de me baigner, on m'a dit que tout était fait. J'ai alors pris mes vêtements et je suis rentrée à la maison. Le lendemain, le voyage a commencé[70].

Généralement, le rite Voodoo est pratiqué au Nigeria avant de commencer le voyage, mais il peut être renouvelé en Italie en cas de désobéissance pour renforcer le pacte, ou quand elles sont revendues à d'autres Madames ou quand on découvre que les jeunes filles ne l'ont jamais fait. Ceci ressort des témoignages de certaines victimes qui affirment que des substances organiques ont été extraites de leur corps dès leur arrivée en Italie. Leur corps est manipulé, dénigré, réduit à un objet. Une jeune fille raconte que le prêtre traditionnel a pratiqué la scarification sur leurs corps en y insérant des substances suivies d'une perfusion corporelle avec des portions à base de liquides religieux. La souffrance de ces corps sans dignité, manipulés comme des objets, interpelle notre humanité.

15. Quels sont les objets que détient la Madame ?

La Madame, figure principale dans la gestion journalière des jeunes filles cohabite dans plusieurs cas avec les jeunes filles. Elle détient les tenues professionnelles des prostituées : vêtements étriqués, préservatifs, sacs à main, essuie-corps, papiers hygiéniques, perruques, produits cosmétiques pour maquillage, bougies, torches, chapelets et bibles. Les jeunes filles affirment en effet que les Madames détiennent également des bougies et des bibles, des objets qui servent pour des rites magiques mais aussi des statues, des poudres utilisées pour se protéger et pour attirer les clients, des feuilles, des liquides mélangés, des bouteilles métalliques ou en plastique, des emballages contenant des substances organiques (cheveux, ongles et poils.) et des liquides (boissons traditionnelles, portions des sangs menstruels extraits des victimes…). En Italie, ces parties sont parfois carbonisées et placées dans des paquets, pots emballés par un papier avec le nom chrétien ou de travail du propriétaire. Les Madames utilisent clandestinement ces substances organiques, feuilles et liquides dans la nourriture pour les hypnotiser, les rendre plus dociles et plus obéissantes aux consignes données. À ces différents objets, on ajoute des aliments et médicaments traditionnels soit pour soigner les victimes soit pour les faire avorter.[71] Pour maintenir le contrôle, les Madames conservent des photos des jeunes filles en tenue de travail. Elles servent, non seulement comme identification ou chantage dans le cas où les victimes chercheraient à s'échapper, mais aussi comme matériel

---

[70] Interview avec Mary, une victime de la traite des êtres humains, 7 mars 2019.

[71] Ces témoignages ont été recueillis durant divers entretiens que nous avons eus avec les victimes et les Médiatrices culturelles engagées dans la lutte contre la traite des êtres humains.

de représentation pendant le rituel magique contre la personne représentée. La célébration du rite Voodoo et l'usage de ces différents objets prouvent à suffisance que les Madames croient fortement en la puissance magique qui contrôle les jeunes filles.

Quelle est la relation entre le prêtre Voodoo et les trafiquants ?

Comme précédemment écrit, le recrutement des jeunes filles culmine dans la célébration du rite Voodoo. Ce sont les trafiquants qui conduisent les victimes chez elles pour les faire jurer avant le voyage. Ils participent au scellement de pacte entre les jeunes filles et les bourreaux. Ils collaborent étroitement pour atteindre le même objectif, celui d'assujettir les jeunes filles. Avant de célébrer ce rite, le prêtre Voodoo doit être sûr de recevoir une somme d'argent de la part des trafiquants. Après le rite, ils peuvent rester en contact pour d'autres tractations relatives au rite. Les trafiquants recourent souvent à lui pour contrôler l'efficacité du rite en cas de transgression. Le prêtre Voodoo, après avoir fini d'officier, garde certains objets et parties du corps de la victime dans un carton sur lequel il ajoute le nom (de la fille). Parfois, ces prêtres exigent des filles qu'elles leur envoient des cadeaux aussitôt arrivés dans le pays de destination. Dans certains cas, les prêtres traditionnels deviennent des amis des jeunes filles et servent de repères quand celles-ci se transformeront à leur tour en Madames.

16. Quel est le montant de la dette contractée avant le voyage ?

Le coût du voyage n'est pas identique pour toutes. Il varie selon les modalités du voyage. Il existe deux types de voyages : par voie aérienne et par voie maritime. Durant les premières années de la traite des jeunes filles nigérianes, la voix aérienne était la préférée car la plus rassurante. Ces dernières années, les organisations criminelles ont également changé de système. La voie maritime demeure leur canal privilégié pour exploiter les filles en Italie car elle est la moins coûteuse. Cette voie est la plus longue et la plus dangereuse car, dès le début du voyage, elle expose les victimes aux agressions, aux violences et intempéries de tout genre. Selon les témoignages recueillis, le montant de la dette n'est jamais précisé durant le recrutement. Il demeure un secret seulement connu par les trafiquants qui le fixent librement selon la durée du voyage, le nombre de personnes impliquées dans le circuit, la demande dans le pays de destination et le type d'activités dans lesquelles la victime sera impliquée. La dette varie entre 25.000 à 50.000 euros pour les victimes arrivées par voie maritime et de 50.000 à

70.000 euros pour les victimes arrivées par avion.[72] Les frais de voyage incluent généralement les frais d'obtention des visas et des passeports. Le montant de la dette à rembourser communiqué aux jeunes filles au Nigeria ne correspond pas au vrai chiffre à rembourser en Italie. Très souvent, seuls les trafiquants connaissent l'équivalent du chiffre en euros. Les jeunes filles sont trompées sur la valeur réelle du montant convenu. Elles confondent toujours la monnaie nigériane avec le dollar ou l'euro. Pour elles, c'est la même chose et par conséquent, elles pensent pouvoir rembourser la dette en peu de temps. Malheureusement, à l'arrivée dans le pays de destination, les trafiquants leur communiquent le chiffre réel en euros dix fois voire cent fois plus élevé et difficilement remboursable dans un bref délai. Par exemple, une victime du nom de Mary raconte que le montant convenu avec les trafiquants était 35.000. Ayant été rassurée de la disponibilité d'un travail dans un salon de coiffure, elle a vite cru qu'elle serait en mesure de rembourser en peu de mois. Elle nous raconte qu'elle a été surprise quand les trafiquants ont communiqué qu'elle allait payer en euros. Elle a converti le chiffre en Naira et c'était pour elle comme un coup de tonnerre. Certainement, les trafiquants mentent, car, s'ils communiquent au départ une somme colossale, ils ne trouveraient pas beaucoup de filles à exploiter. Ils profitent de l'ignorance des filles qui ne savent pas évaluer la valeur réelle du montant. La plupart des victimes contractent des dettes auprès des trafiquants, mais, elles ne sont informées de l'ampleur de la dette qu'une fois arrivées en Europe. Certaines connaissent la taille réelle de la dette tout au début mais ne comprennent pas nécessairement combien cela représente ou ce qu'elles doivent faire pour rembourser. Elles peuvent ne pas connaître ou comprendre le taux de change de l'euro. Stella, une victime que nous avons rencontrée sur le marchepied, nous a partagé son expérience sur la dette contractée avant son voyage :

> *Je pensais que l'euro équivalait à l'argent nigérian, c'est pourquoi j'ai accepté de jurer sachant que je rembourserai facilement l'argent. Je dois 35.000 euros. C'est trop d'argent. Je travaille dans la rue depuis un an et j'en ai déjà amassé 4 500 parce que je prends soin de moi et de ma famille au Nigéria. Ma Madame est loin de moi. Il faudra beaucoup de temps pour rembourser l'argent*[73].

Comme déjà dit précédemment, les jeunes filles sont trompées par les trafiquants sur la possibilité rapide de payer la dette, puis de se débarrasser de chaque contrainte, de réfléchir à leur bien-être et de soutenir économiquement

[72] Interview avec Fatima, une médiatrice culturelle 06 mars 2019

[73] Interview avec Stella, une victime, le 22 février 2019.

leur famille restées au Nigéria. Precious reconnaît avoir été victime de fausses promesses et nous a partagé son témoignage :

> *L'accord avec ma Madame prévoyait que je rendrais l'argent progressivement après mon arrivée en Italie. J'ai juré de rembourser aux trafiquants une somme de 25000(?)*[74] *car il était prévu que je travaillerais dans un salon de beauté en Italie comme elle me l'avait promis.*[75]

Une autre victime ajoute :

> *Quand l'homme m'a parlé du voyage, j'ai dit : cela m'intéresse mais ma famille est pauvre et a du mal à payer mes frais de scolarité. Il m'a dit qu'en ce qui concerne les frais de voyage, il paiera tout et une fois que je serai en Italie, je rendrai facilement l'argent. Ma dette est de 45.000 euros.*[76]

Ces dettes sont généralement très élevées et les filles prennent entre un à quatre ans pour rembourser. Ces filles ne sont libérées qu'une fois la dette remboursée. Mais ensuite, les victimes sont contraintes de travailler durement sous la pression du rite voodoo et dans l'espoir d'être riches et d'avoir un avenir meilleur comme celui de la Madame. Nos recherches révèlent que, de nos jours, la dette a légèrement baissé par rapport aux décennies précédentes (25.000 à 80.000). Aujourd'hui, la dette est comprise entre 10.000 et 50.000. Cela est dû non seulement au nombre accru de filles nigérianes dans l'entreprise sexuelle en Italie mais aussi à la baisse du prix des prestations sexuelles qui actuellement varient entre 5 et 25 euros. Les victimes qui acceptent l'offre des trafiquants doivent obligatoirement s'engager à verser un certain montant en euros car liées par le rite Voodoo qui scelle la dette. Les trafiquants réussissent leur coup parce qu'ils se trouvent devant des femmes vulnérables qui cherchent à construire leur futur et qui restent convaincues que l'opportunité qui leur est offerte est une occasion à ne pas rater. Malheureusement, elles contractent des dettes qui pèsent lourdement sur leur futur. Elles restent vulnérables car elles se retrouvent sans argent, sans compétences, sans statut juridique, sans soutien ni protection. Certaines regrettent de s'être confiées aux trafiquants mais d'autres disent qu'il vaut mieux souffrir un temps en Europe plutôt que de croupir dans la misère jusqu'à la mort en Afrique.

17. Combien de temps faut-il pour payer la dette ?

[74] Le point d'interrogation sert à renforcer ce qui a été dit précédemment sur l'ambiguïté de la monnaie à utiliser lors du payement de la dette.
[75] Interview avec Precious, une victime le 22 février2019
[76] Interview avec Favour, une victime le 20 mars 2019

Il est difficile de calculer exactement le temps que les jeunes filles mettent pour payer la dette car plusieurs facteurs entrent en jeu. Celui qui tente de faire une estimation doit tenir compte des facteurs suivants : le montant de la dette à payer, les exigences des familles dans le pays d'origine, les dépenses à effectuer en Italie et la fréquentation des clients, les tarifs, l'état de santé des jeunes filles et enfin la capacité de résistance à l'exploitation sexuelle. Le remboursement de la dette prend des années, mais pour réussir leur forfait, les trafiquants assurent aux victimes que la dette contractée sera remboursée en quelques mois. Cependant, selon les témoignages recueillis auprès des ex-victimes, il faut au moins 2 à 5 ans voire plus pour honorer leur dette. Ce qui signifie que pour ceux qui ont une dette entre 50.000 et 75.000 euros, il faut approximativement 2500 à 3500 prestations sexuelles si le tarif est de 20 euros pour chaque service. C'est sans doute une exploitation qui détruit l'existence des jeunes filles et qui crée dans leur vie une grave frustration. Dans une conversation avec Jennifer (21 ans), elle nous a révélé que sa dette était de 55.000 €. Mais puisqu'elle devait soutenir sa famille au pays et supporter toutes les dépenses en Italie, elle avait réussi en 3 ans à payer 5000 euros. Elle nous révéla que son tarif était de 5 à 15. En faisant la moyenne de 10 euros, elle devrait offrir 5500 prestations sexuelles avant de se libérer de la dette. Elle a fondu en larmes à cause de la souffrance et la violence dont elle était victime.

18. Quel est le rôle de Madame durant le voyage des jeunes filles ?

La Madame ou Mama Loa ou la prêtresse joue le rôle d'intermédiaire entre les filles et l'organisation criminelle qui prépare le voyage. La Madame paie le transport du pays d'origine au pays de destination. Il est important dans ce cas d'examiner la centralité et le pouvoir du rôle de la Madame. Cette figure féminine dans le pays d'origine organise le voyage et le finance souvent alors que dans les pays d'arrivée, elle est la matrone pour laquelle les filles travaillent. Elle assure le contrôle et la gestion des victimes en leur imposant des conditions de travail et de vie. Elle est la femme à qui les jeunes filles sont confiées pour toute la durée de l'exploitation. Elle collecte toutes les entrées en termes d'argent et parfois des biens comme paiement de la dette. En dehors du paiement de la dette, la Madame gère toutes les autres dépenses telles que logement, vêtements, médicaments, préservatifs et autres services comme voyages, accompagnement auprès de différents bureaux ainsi qu'au lieu du travail. Toutes ces dépenses sont les frais connexes qui n'ont rien à voir avec la dette convenue. En bref, comme dit précédemment, la Madame peut jouer deux rôles principaux dans la traite des êtres humains. Le premier est celui du sponsor, c'est-à-dire, qui a le rôle de suivre tout le parcours des jeunes filles à partir du recrutement, de l'organisation du voyage, de la permanence dans les pays de transit jusqu'à l'arrivée et le séjour dans le pays de destination. La victime devient propriété privée de la Madame. Le second rôle, en quelque sorte connecté au premier, est celui de l'acheteur-trafiquant. En ce cas, la Madame achète auprès d'autres Madames, des jeunes filles qui opèrent déjà dans le circuit de la prostitution. Le prix de celles-ci peut varier selon les cas.[77]

19. Quelles sont les routes utilisées pour atteindre l'Italie ?

Les itinéraires et les voies empruntés par les trafiquants sont diversifiés et ont évolué constamment. Ils sont peu les migrants africains qui utilisent la voie aérienne car elle est la plus coûteuse et la plus contrôlée par les services de sécurité. Dans la catégorie de ceux qui voyagent par avion, nous retrouvons les migrants qui font le regroupement familial, les migrants pour motif de travail, de santé, etc. Cependant, la plupart des victimes de la traite, des migrants économiques, des réfugiés provenant des pays en conflits utilisent généralement des voitures, des autobus et traversent plusieurs pays avant d'atteindre leur destination. À cause des routes en état de délabrement avancé, ils font plusieurs kilomètres à pied. Plusieurs d'entre eux succombent à cause des conditions précaires dans lesquelles ils voyagent. De nos jours, il est difficile de parler de la traite des êtres humains en Afrique sans pour autant mentionner Agadez et Lybie. La plupart transitent par le Niger, parcourent le désert pour séjourner en Libye avant de traverser la Méditerranée jusqu'en Italie. Le temps du voyage et d'attente en Lybie n'est pas quantifiable. Il peut être long comme il peut être court.

Agadez est une ancienne cité caravanière à l'extrémité sud du Sahara. Elle a toujours été un lieu de passage et a servi à beaucoup de voyageurs comme lieu de repos pour s'organiser et repartir. L'histoire raconte que les murs les plus anciens de cette agglomération ont été construits, il y a environ huit cents ans, et en 1449, la ville est devenue le centre d'un royaume touareg. Les marchands se sont arrêtés à Agadez alors qu'ils traversaient le désert avec des caravanes de sel, d'or, d'ivoire et d'esclaves. Les Touaregs sont devenus célèbres parce qu'ils ont conduit des marchands à travers le désert, puis les ont volés. Aujourd'hui, elle demeure une ville d'affaires où se fait le commerce illégal du pétrole, des produits de contrefaçon, de la drogue telle que le haschisch, la cocaïne et l'héroïne. Le choix du Niger comme pays de transit est dû au fait qu'il fait partie de la Communauté économique des États de l'Afrique de l'Ouest, CÉDÉAO en sigle. Par conséquent,

---

[77]Cf. MORNIROLI A.,op.cit., p.50.

pour les pays membres, aucun visa n'est nécessaire pour voyager d'un pays à l'autre. De nombreux migrants parcourent de milliers de kilomètres en voitures *Pick up* pour l'atteindre. À leur arrivée à Agadez, ils contactent leur agent de liaison. Il est généralement un migrant devenu entrepreneur, qui facilite le transit et organise la traversée du désert vers la Libye. Les Nigérians qui empruntent la voie aérienne pour l'Italie peuvent prendre un vol direct Lagos-Italie ou transiter par la France, Londres, Accra, les Pays-Bas et les autres pays Schengen. Les autres qui choisissent la voie routière passent par les pays suivants selon le cas : le Soudan, le Niger, la Libye, le Togo, l'Algérie, le Burkina-Faso, le Benin, le Mali, le Tchad, l'Espagne, la Guinée Conakry, le Maroc, la France…

21. De nos jours, quelles sont les terminologies utilisées dans le circuit de la traite nigériane ?

Les organisations criminelles qui exploitent les jeunes filles nigérianes sont bien structurées. Elles ont un système bien organisé dans lequel chaque figure joue parfaitement son rôle dans la gestion des victimes à partir du pays d'origine jusqu'à leur destination. Comme nous l'avons précédemment noté, au sein de ce circuit, il y a des recruteurs, les prêtres Voodoo, la Madame et ses agents et d'autres figures intermédiaires qui accompagnent et contrôlent les jeunes filles durant le voyage et en Italie. La traite des êtres humains à des fins d'exploitations sexuelles est une entreprise ésotérique qui ne tolère aucune ingérence pouvant conduire à l'arrestation de trafiquants. C'est pourquoi les trafiquants utilisent leur propre vocabulaire afin de faciliter la communication au sein du groupe sans pour autant être découverts. Les jeunes filles que nous avons rencontrées nous ont expliqué l'utilisation des termes suivants :

- *Trolley/dago* : il s'agit généralement d'un jeune homme chargé d'accompagner les victimes au cours de son voyage et rémunéré par la Madame.
- *Sponsor* : la personne en charge du recrutement des victimes. Il prépare leurs documents nécessaires afin de faciliter le voyage. Il peut accompagner les victimes pour certaines parties du voyage. Il est le « propriétaire » de la victime. Il peut également acheter et vendre les jeunes filles à la Madame. Le sponsor peut être directement la Madame.
- *Madame* : le terme Madame est un titre de respect qui signifie "dame", mais dans le contexte de la traite, il s'agit bien entendu d'une dame trafiquante qui gère les jeunes filles recrutées à des fins d'exploitation sexuelle. Très souvent, la Madame est une ancienne victime de la traite qui, ayant payé la dette, décide de tirer de l'argent du même trafic. C'est parfois une victime devenue bourreau.

- *Prêtre traditionnel, native doctor* : personne qui officie et administre le rite de Voodoo/Juju aux victimes de la traite. Il est aussi appelé prêtre Juju/Voodoo, médecin indigène, Baba-Loa ou Baba-Lao, guérisseur ou prêtre en chef.[78]
- *Boga* : garçon de la Madame. C'est la personne chargée de l'accompagnement d'une ou plusieurs filles du Nigéria jusqu'en Libye. Il détient des contacts téléphoniques de la Madame et des trafiquants appartenant au réseau criminel à qui il rend compte à différentes étapes du voyage. Le Boga est également la personne chargée de récupérer les jeunes filles qui débarquent en Italie et de les acheminer auprès de la Madame. Au nom de la Madame, le Boga va chercher la fille dans la structure où elle a été placée, lui paie le ticket et la met dans un bus ou un train jusqu'à sa destination finale, chez la Madame. Il y a plusieurs Boga pour faciliter le voyage et faire arriver les jeunes filles en Italie.
- *Connexion man* ou *Homme de connexion* : organisateur de voyages ou passeur. Généralement désigné comme celui qui organise des voyages de Nigeria en Italie à travers la Libye. La plupart des fois, les hommes de connexion peuvent contribuer au transport de la même victime au cours du voyage. Ils sont en collaboration avec les Boga et parfois avec le groupe criminel.
- *Connection house* ou *Maison de connexion* ou encore *maison fermée* : maisons fermées en Libye et, plus récemment, en Italie ou en Europe, où les victimes sont enfermées et forcées à la prostitution. Celles qui opèrent dans des maisons de liaison sont principalement des mineures qui seraient facilement sujettes au contrôle des forces de sécurité et des organes de protections des mineures.
- *Ghetto* : c'est le terme utilisé par les victimes de la traite et par les migrants en général pour indiquer l'endroit, souvent une maison abandonnée, où ils attendent avant de s'embarquer. Il est également utilisé pour indiquer les agglomérations informelles dans lesquelles vivent de nombreux migrants en Italie.
- *Lapalapa* : bateau pneumatique qui transporte les victimes et les aide à traverser la mer Méditerranée.

22. Quels sont les défis rencontrés par les filles pendant le voyage, en Lybie et en Mer Méditerranée ?

Après le scellement du pacte, les femmes se préparent à affronter le voyage, accompagnées et sous le contrôle des trafiquants ou de leurs collaborateurs (Boga et passeurs). Les documents de voyage parfois illégaux sont fournis par les trafiquants. Certaines filles ont déclaré être en possession de passeports irréguliers avec de faux visa tandis que d'autres ont voyagé sans aucun document officiel.

[78] Interview avec Fatima,une médiatrice culturelle, le 6 mars 2019

Les défis sont énormes pour ceux qui empruntent les voies terrestre et maritime. Bien que ce voyage soit le moins coûteux, il demeure le plus difficile et le plus long, pouvant durer des mois voire des années. Dans les pays de transit, les victimes sont toujours sous contrôle des guides qui s'arrêtent dans des villages et villes de transit avant de poursuivre le voyage. Parfois, les conducteurs et les guides sont fatigués et se trompent de direction. Ils roulent à grande vitesse et ont beaucoup d'accidents qui coûtent la vie à plusieurs migrants. Favour nous a douloureusement raconté ce qui suit :

> *Dans le désert, nous avons connu un accident très meurtrier, sept filles ont péri et plusieurs autres blessées. Ces conducteurs étaient insouciants, se droguaient et ne nous ont pas écoutées quand nous avons dénoncé les conditions de voyage et la grande vitesse qui nous exposait à un accident. Ils n'écoutaient pas quand nous demandions de l'assistance pour nous arrêter. Pour eux, nous n'avons aucune valeur. Les marchandises ont plus de valeur que nous.*[79]

Parfois, les conducteurs et accompagnateurs décident de s'arrêter, et de rentrer ou d'abandonner les migrants, rendant ainsi le voyage plus difficile. Les victimes racontent avoir effectué de longs trajets durant des jours et des nuits sans connaître la direction à prendre. Les victimes racontent avoir vu plusieurs cadavres sur leur parcours. Ce sont des migrants tués par des bandits, morts de la faim et de la soif, de fatigue, des accidents et des suicides à cause du désespoir. Au cours de ce voyage, les migrants rencontrent des bandes d'hommes armés qui les intimident, les violent, les tuent et ravissent leurs effets. Cette situation est à la base des traumatismes et des maladies dont souffrent plusieurs migrants. Princess, une victime que nous avons interrogée, se rappelle amèrement son amie Joy décédée en chemin :

> *Après un long voyage dans le désert, une fille de mon groupe du nom de Joy n'a pas résisté. À un certain moment, elle était fatiguée, abattue et sans espoir d'arriver à destination, elle s'est arrêtée. Nous l'avons assistée mais elle est malheureusement morte entre nos mains.*[80]

Durant la traversée du désert, les filles sont souvent victimes d'abus, de violences physiques et sexuelles de la part des trafiquants et des groupes armés qui contrôlent les différentes frontières. Elles sont dépourvues de nourriture, d'eau, de médicaments. Elles parcourent des milliers de kilomètres, chargées dans des camionnettes comme des marchandises. Dans le désert du Sahara, elles font

[79] Interview avec Favour, une victime, le 4 février 2019.
[80] Interview avec Princess, une victime, le 18 Février 2019.

face aux tempêtes de sable, à des extorsions et des tortures. Precious, une jeune fille nigériane nous a raconté son expérience, les larmes aux yeux :

> *Lorsque nous avons commencé le voyage, nous avons embarqué dans une jeep de près de vingt personnes ; nous nous sommes arrêtés à divers endroits selon le souhait des chauffeurs. J'ai pris du pain et de l'eau avec moi, mais c'était fini après deux jours. Je n'avais pas assez d'argent avec moi. Je ne peux pas vous dire comment j'ai souffert...*[81]

Après avoir traversé le Niger, les filles arrivent en Libye, où la violence et les abus sont à l'ordre du jour. La souffrance vécue en Lybie est parfois indescriptible par les migrantes qui fondent en larmes chaque fois qu'elles se remémorent ce pays qu'elles appellent *maudit*. Elles souffrent de la faim et le sort de la plupart dépend des moyens financiers dont elles disposent. Dans la plupart de cas, les moyens économiques sont réduits ou quasi inexistants, la longueur du séjour dans ce pays les expose à l'exploitation et les rend de plus en plus vulnérables. Certaines sont emprisonnées dans des lieux secrets où elles endurent des traitements dégradants et inhumains. D'autres filles sont vendues par des organisations criminelles, soumises à des corvées et obligées de se prostituer pour survivre. Les jeunes filles sont les plus vulnérables des migrants car elles sont victimes d'exploitations sexuelles dans les hôtels en attendant la reprise du voyage vers le pays de destination.

> *Les hommes ne souffrent pas comme les femmes. Dans mon cas, par exemple, lorsque nous étions dans ces maisons (hôtels), les trafiquants abusaient de nous et appelaient leurs amis pour qu'ils viennent avoir des rapports sexuels avec nous. Les trafiquants avaient l'habitude de collecter de l'argent de ces clients et nous frappaient si nous nous plaignions.*[82]

En Lybie, il faut tout faire pour survivre, disent les migrants. Les garçons travaillent ou appellent leurs parents et amis pour recevoir de l'argent afin de se libérer et poursuivre le voyage. Ceux qui sont emprisonnés sont victimes des atrocités de tout genre : ils sont battus et torturés. Cette souffrance infligée a pour but de mettre la pression sur les migrants et accélérer le paiement des rançons pour leur libération. Les filles doivent aussi offrir beaucoup de services en utilisant directement leur corps. Elles sont placées dans des *connexions house ou ghettos*. Ce sont des lieux d'attente pour le départ en Europe. Ce sont des maisons fermées, à accès limité et contrôlé, gérées directement ou indirectement par la Madame et d'autres trafiquants nigérians ou ghanéens. Ici, les femmes sont forcées de se prostituer à bas prix pendant des mois, voire des années et celles qui

---

[81] Interview avec Precious, une victime, le 22 Février 2019.

[82] Interview avec Irène, une victime, le 4 mars 2019.

résistent sont violées, torturées et parfois assassinées. Les connections houses en Lybie sont surpeuplées et les conditions de vie et de travail n'y sont pas favorables. Elles y vivent jusqu'au jour de la reprise du voyage. Celles qui voyagent seules sans l'aide des trafiquants doivent obligatoirement se prostituer et travailler comme des esclaves parfois en échange de nourriture, d'hébergement et épargner un peu d'argent pour le prochain voyage.[83] La prostitution semble être l'unique moyen pouvant aider les victimes à payer la dette accumulée pendant le voyage ou encore à épargner l'argent pour la dernière partie du voyage. En fait, la violence physique et l'exploitation sexuelle sont une sorte d'initiation à la vie qui les attend, une fois dans le pays de destination. Certaines victimes arrivent en Italie avec des grossesses et d'autres avortent plusieurs fois parce qu'elles ne veulent pas avoir d'enfants qui empêcheraient la réalisation de leur projet migratoire. Surtout pas un enfant « bâtard », comme elles les appellent, dont on ne connaît pas le père parmi les multiples hommes avec lesquels elles ont eu des relations sexuelles, parfois malgré elles. Les migrants arrêtés en Lybie sont emprisonnés dans de mauvaises conditions et maltraités physiquement. Durant cette période, les hommes victimes sont embauchés pour des travaux manuels forcés, tandis que la plupart des femmes sont agressées sexuellement avec la complicité de la police.

> *En prison, ils ont demandé à nos camarades jeunes garçons de nous violer, surtout celles qui refusaient de livrer leur corps en échange d'argent ; les agents de la police nous ont également maltraitées, ils appelaient leurs amis pour nous maltraiter. C'était l'enfer dans ce pays maudit.*[84]

Très souvent, en Libye, les jeunes femmes sont capturées par la police et enfermées dans des prisons pour motif de migration clandestine. Dans ces prisons, elles vivent et dorment dans des salles surpeuplées et en mauvais état. Elles subissent toutes sortes de mauvais traitements physiques et psychologiques. Elles subissent des violences de la part de tous, même des sujets non liés au réseau criminel. Encore une fois, celles qui résistent sont maltraitées. Sur les victimes, la torture n'est pas immédiatement et facilement reconnaissable lorsqu'elle n'a pas laissé de traces visibles[85].

Après le séjour en Libye, les trafiquants mettent les migrants sur les pirogues qui ne résistent pas toujours à la longue traversée de la Méditerranée. C'est l'étape finale avant d'arriver à destination. Les migrants éprouvent un double sentiment : d'un côté, ils ont la joie de se libérer de la Libye et de pouvoir

---

[83]Interview avec Fatima, une médiatrice culturelle, le 6 mars 2019.

[84] Interview avec Mary, une victime, le 7 mars 2019.

[85] AFFRONTI M.,- MONTI M.C., *Op.cit* , p.43.

atteindre leur destination finale, l'Europe ; mais, de l'autre côté, aussi ils éprouvent la peur de voyager sur la mer dans des conditions moins rassurantes. Quand elles embarquent sur la mer, les filles sont parfois des dizaines ou des centaines. Malheureusement, la plupart des embarcations surchargées chavirent et n'arrivent pas à destination à cause de problèmes techniques tels que le manque de carburant, les conditions météorologiques défavorables. Les migrants sont secourus sur la mer par des Organisations Non-Gouvernementales qui les acheminent dans le port le plus proche et le plus sûr comme prévoit la norme européenne sur le secours aux migrants.

23. Ces filles savent-elles qu'elles seront victimes d'exploitation sexuelle ?

La croissance de la présence de jeunes filles dans les rues de l'Italie a suscité un débat autour de la prise de conscience de la gravité de la traite à des fins sexuelles. Bon nombre de personnes, chercheurs et hommes ordinaires, s'interrogent sur le degré de connaissance des risques que courent les victimes de ce commerce. Les jeunes filles proviennent généralement de familles pauvres, illettrées et donc privées d'un esprit critique. En général, ces femmes ne sont pas conscientes d'être recrutées en tant que potentielles prostituées en Europe et aussi dans les cas où il y a une certaine prise de conscience, elles n'ont pas la moindre idée des conditions dans lesquelles elles seront obligées de travailler.

> *Il est connu que si quelqu'un va en Italie, il y va pour la prostitution. Mais on ne le dit pas... À l'école, les filles paresseuses sont appelées Italo ou italiano girls pour les insulter et se moquer d'elles. Cependant, beaucoup sont trompées, on ne leur dit pas qu'elles seraient prostituées en Italie. Ce ne sont pas toutes les familles au pays qui le savent. Certaines, mais d'autres pas. Certaines mamans savent bien où finiront leurs filles et ce sont elles qui les poussent. Je ne sais pas, peut-être qu'elles pensent en sacrifier une pour améliorer les conditions de vie de toute la famille. Ou peut-être que c'est seulement par égoïsme.*[86]

Les témoignages mettent en lumière une stratégie utilisée dans le circuit de la traite : le mécanisme de tromperie qui consiste à convaincre les jeunes filles qu'elles pourraient gagner leur vie sitôt arrivées en Europe. Après être trompées, celles arrivées en Italie sont forcées de travailler comme prostituées dans des conditions inhumaines et dans des endroits dégradés. Il leur est difficile de

[86] OKOEDION B., -POZZI A., *Op.cit.* p.34.

s'échapper du circuit car elles vivent sous le contrôle des trafiquants. Emma, une jeune fille nous a partagé comment elle a été recrutée :

> *Elle (Madame) m'a dit qu'elle s'occuperait de tout le voyage. Elle a tout payé. Elle m'a promis, qu'en Italie, je travaillerais dans un institut de beauté et paierais l'argent progressivement.* [87]

La prise de conscience générale de l'existence du phénomène de la traite à des fins sexuelles était un mythe dans les décennies passées mais l'actuel progrès des technologies d'information et de communication a eu un impact considérable sur la diffusion du métier exercé par les filles nigérianes en Italie. Le cinéma nigérian, les films, la télévision et les journaux télévisés parlent de l'exploitation dont sont victimes les jeunes filles :

> *J'avais vu un film sur la prostitution des filles nigérianes en Italie. J'étais choquée, mais cela était toujours un film. Ce n'était pas une chose qui me regardait directement. Je n'avais jamais pensé venir en Italie. Ni dans un pays européen. J'avais vu un documentaire sur comment les filles nigérianes meurent dans le désert et comment elles sont traitées en Libye. On racontait des voyages horribles, la faim et la soif durant la traversée du Sahara et puis la violence et les abus, surtout en Lybie. Des choses terrifiantes... mais on n'y croyait pas. Comment étaient possibles toute cette violence et toute cette souffrance*[88]*?*

Même si la prostitution est moralement inacceptable dans la culture nigériane, elle se révèle comme moyen facile d'obtenir des revenus souvent vantés et étalés par la construction de grandes villas, la vie luxueuse et la richesse qui confèrent un statut élevé à ceux qui ont fait l'expérience de l'Europe. Ce statut des riches continue à attirer les jeunes filles en les exposant aux pièges tendus par les trafiquants. Au moment du recrutement, tout semble facile. Les filles commencent à suspecter la malice de cette aventure au cours du voyage et surtout durant leur séjour en Lybie lorsqu'elles sont exploitées, abusées et violentées par les milices, soldats qui contrôlent les frontières et d'autres hommes voulant satisfaire leurs appétits sexuels. Au Nigeria, il y a de plus en plus une prise de conscience des défis du phénomène de la traite à des fins sexuelles grâce à des organisations de lutte contre la traite qui mènent des activités de sensibilisation sur le phénomène. Cependant, ces dernières ne couvrent pas toute l'étendue du territoire national. Par conséquent, le phénomène reste quasi inconnu dans les zones rurales qui, malheureusement, constituent la pépinière des trafiquants. Le travail de sensibilisation doit être soutenu pour minimiser les risques de

---

[87] Interview avec Emma, une victime, le 18 février 2019.

[88] OKOEDION B., -POZZI A., *Op.cit* 35.

recrutement dans ce circuit qui détruit l'avenir de tant de jeunes filles. Les trafiquants inventent au jour le jour des stratégies pour alimenter leur commerce honteux et pour le sécuriser. De nos recherches, il ressort que les trafiquants continuent à tromper les jeunes filles en utilisant leur famille ou encore des amis proches car ceux-ci inspirent la confiance et sont exempts du moindre soupçon. Et quand elles découvrent qu'elles sont des victimes avec la complicité des proches, elles sont déçues mais n'ont d'autre choix que de continuer à opérer comme des esclaves sexuelles. Ces familles demeurent exigeantes car elles attendent tout des jeunes filles qui travaillent pour relever leur situation économique. Dans d'autres scenarii, les jeunes filles sont recrutées à l'insu de leur famille et le travail qu'elles font en Europe demeure inconnu. Elles préfèrent ne pas dire exactement ce qu'elles font en Italie, soit par honte soit par peur du jugement.[89]

24. Une fois que ces filles sont entrées en Italie, comment se connectent-elles avec les Madames ?

Avant d'entreprendre leur voyage, on leur donne souvent le contact d'une personne de référence aussitôt arrivée en Italie. Elles arrivent aux ports avec des numéros de téléphone écrits sur des feuilles de papier, bien emballés dans du plastique pour ne pas se retrouver mouillé en cas de pluie ou de naufrage dans la mer. Elles essaient de s'en tenir aux consignes et instructions reçues des personnes qui les ont accompagnées pendant le voyage ou restées au pays. Sachant que les forces de sécurité en Italie pourraient les identifier comme des victimes de la traite et les récupérer pour les insérer dans le système de protection, les trafiquants instruisent les jeunes filles d'être très vigilantes et de ne pas dire la vérité en ce qui concerne leurs âge, nom, histoire, provenance ; bref, leur identité ainsi que celle des trafiquants. Les filles ne doivent pas non plus dévoiler l'identité de leurs accompagnateurs qu'ils appellent fiancés, maris, frères, oncles ou tantes. Ceux-ci dans la plupart de cas sont des personnes de référence, commissionnées par les Madames et chargées de faire arriver la « marchandise » à destination.

[89] Cf. Gruppo Abele et Fondazione Migrantes ., *La legalità paga. Il fenomeno della tratta e del grave sfruttamento sui luoghi di lavoro*, p.79.

EN LIEU DE CONCLURE, UNE LETTRE OUVERTE ET D'INTERPELLATION

À la fin cette réflexion consacrée exclusivement au recrutement et au voyage des victimes de la traite des êtres humains, nous avons jugé bon de conclure par une lettre, ou mieux, une interpellation à tous les Africains, au nombre de ceux qui devraient subir une véritable catharsis pour le développement intégral de l'homme africain. L'Italie, pays de destination, contient plus de deux millions de migrants africains. Nous ne pouvons nier que migrer reste un droit indéniable de tout homme. Nous affirmons que celui qui décide de migrer porte avec lui un projet migratoire qui naît du souci profond d'améliorer ses conditions de vie. Dans nos divers entretiens avec les migrants, il ressort toujours que personne ne laisse son pays, son terroir sans pour autant sentir la douleur de séparation avec les siens. En ce qui concerne l'Afrique, certains migrants appartiennent à la catégorie de migrants économiques mais la plupart ont décidé de partir à cause de la guerre, des conflits ethniques, des calamités, etc…

Notre attention dans cet ouvrage se focalise sur une catégorie de migrants victimes de la traite des êtres humains. Ce sont des jeunes filles pleines d'énergie qui constituent l'avenir de toute une nation comme nous avons l'habitude de l'entendre dire. Elles sont vendues comme des marchandises et leur avenir est hypothéqué. Cette lettre a pour but de réveiller de prime abord ceux qui ont en main la gestion des États africains à tous les niveaux pour qu'ils assument pleinement leur responsabilité. Ce sont eux qui ont la charge d'organiser la vie de la nation, de protéger et promouvoir les citoyens pour qu'ils jouissent pleinement de leur droit comme citoyens. Malheureusement, beaucoup d'Africains ne sachant à quel saint se vouer sont emportés par n'importe quel vent pour leur survie. Beaucoup de jeunes Africains tombent entre les mains des trafiquants qui les exploitent. En lançant cette interpellation, nous ne prétendons pas nous ériger en maîtres donneurs de leçons mais notre humble démarche est de rappeler à toute l'élite africaine ce qui devrait être fait pour ne pas exposer les fils et filles africains aux migrations irrégulières. Nous reconnaissons que la traite des êtres humains est un phénomène plus complexe qui doit être abordé non seulement avec délicatesse mais aussi avec professionnalisme. Les défis auxquels font face les victimes de la traite sont nombreux. Ces femmes sont recrutées, vendues, exploitées et réduites à des objets, des biens à acheter, à utiliser et à échanger contre l'argent. Elles opèrent dans des circuits de prostitution et sont exposées à des traitements dégradants évoquant les pratiques adoptées dans l'Antiquité contre les esclaves. En réalité, ce sont des femmes déshumanisées, réduites à des corps nus, des corps sans droits, des corps sans liberté d'expression, des corps exclus et condamnés à vivre dans des lieux malsains, des corps rendus invisibles, des personnes empêchées de se déplacer librement, des individus sans paroles, des corps exploités et manipulés, des corps absolument niés.[90] Ce sont des femmes soumises à des conditions d'assujettissement, des femmes sans visage, des femmes sans passé et possiblement sans futur, des femmes condamnées à la terreur, des femmes quotidiennement exposées à la mort.

Nous reconnaissons que les problèmes de la traite des êtres humains doivent être traités à divers niveaux par diverses organisations, par le gouvernement et par des particuliers, en vue de leur éradication et afin de permettre aux victimes d'être libres et de s'intégrer pleinement dans la société. Exercer la prostitution ou mieux encore être prostituée n'est pas un métier digne. Ceux qui l'exercent n'en sont pas fiers car dans la plupart de cultures africaines c'est une honte d'être identifié à une prostituée. C'est aussi une honte pour la famille d'origine des prostituées. Compter au sein de sa famille une personne prostituée est le signe d'une éducation ratée. Pour les pays d'origine, le phénomène de la traite des jeunes filles fait redouter le degré de démocratie, de respect des lois et de promotion de la dignité humaine. Il est évident que la traite des êtres humains en général et celle à des fins sexuelles en particulier sapent les bases des États et des administrations africaines fondées sur les sacrifices de nos pères de l'indépendance. Il est impossible de les évoquer tous tant ils sont nombreux : N'Krumah, Julius Nyerere, Jomo Kenyatta, Lumumba Patrice que nous citons à titre illustratif. Ce sont des hommes qui ont cru à une Afrique indépendante, libre et responsable de sa propre destinée. Cependant, soixante ans après la vague des indépendances, l'Afrique traîne encore les pieds comme un enfant qui a besoin que ses parents le tiennent toujours par ses bras. Mais jusqu'à quand l'Afrique restera-t-elle dépendante ? Ce que nous redoutons et dénonçons, c'est la mauvaise gestion des plusieurs dirigeants africains qui pensent que pour bien gouverner, il doit y avoir obligatoirement la présence d'un parrain occidental. Serait-ce par peur que plusieurs chefs d'État africains ne cèdent à la pression extérieure avant de prendre des décisions importantes pour leurs nations ? Pourquoi ces chefs d'État doivent-ils se faire approuver par les puissances extérieures ? Pourquoi leurs victoires aux élections doivent-elles être ratifiées par les hommes forts du monde ? Serait-ce pour sécuriser leur mandat ?

Notre démarche n'est pas de faire une révision de la politique africaine mais le sujet que notre ouvrage traite, celui de la migration, en dépend fortement. Il n'est nullement question d'exposer les défaillances dans la gestion de la *Res*

[90] Certaines expressions sont tirées de l'ouvrage de Massari Monica. Il Corpo degli altri….

Publica, une situation quasi commune à plusieurs États africains. Il s'agit plutôt d'un réveil de conscience de tous les Africains en vue de travailler pour l'avènement d'une Afrique nouvelle et renouvelée. Nous rêvons d'une Afrique soucieuse d'éradiquer la médiocrité, cause première de la précarité chronique qui sacrifie des milliers de populations entières. Les dirigeants aspirent aux fonctions étatiques non pour servir le peuple mais pour se servir eux-mêmes. Nous rêvons d'une classe politique africaine renouvelée et responsable qui se concentre sur le bien-être des populations en lieu et place d'enrichissements illicites des politiques. Nous déplorons une Afrique dans laquelle le dynamisme de certains activistes membres des regroupements des sociétés civiles reste mal interprété et leurs sacrifices fragiles et fragilisés. Une situation critique qui conduit des milliers d'hommes et des femmes au martyre. L'homme africain doit faire un choix clair entre le risque de s'engager dans la lutte pour sa libération ou de se laisser manipuler avec le risque d'être condamné à un esclavage éternel. L'Africain ne mérite pas de croupir dans la misère, il n'a pas été créé pour souffrir. Son avenir ne doit pas être hypothéqué par une poignée de gens soucieux seulement de leur bien-être.

La solution aux problèmes africains n'est pas nécessairement à trouver dans *une politique de la main tendue* qui fait de l'Africain un perpétuel dépendant qui doit se nourrir des miettes de pain tombées de la table des décideurs. C'est vraiment scandaleux de voir un Africain mendier alors que son continent regorge de terres fertiles, d'eaux bénites par des variétés de poissons et le sous-sol suffoquer de grandes fortunes. Oh, Africain, pourquoi es-tu aveugle ? Pourquoi ne vois-tu pas tout ce que le Créateur a mis à ta disposition ? L'Afrique doit se concentrer, elle doit se réorganiser pour utiliser ses ressources pour le bien-être de tous. Elle doit repenser sa politique internationale et régionale en privilégiant l'unité, la fraternité, le vivre ensemble qui est une caractéristique commune au peuple africain. La politique du chacun chez lui et du chacun pour soi précipite l'avenir de l'Afrique dans un abîme profond. Ô hommes politiques africains, arrêtez-vous un moment, ouvrez les yeux et faites un examen de conscience et vous vous rendrez compte que votre peuple croupit dans la misère. Voyez comment des milliers de jeunes vident vos pays pour aller chercher l'herbe fraîche sous d'autres cieux. Ces jeunes pleins de vigueur et d'enthousiasme qui devraient construire les pays africains s'en vont sans aucun espoir de retour. Beaucoup meurent d'inespérance, ils se noient dans la mer, sont dévorés par des animaux dans les déserts, maltraités et tués sans que personne ne leur vienne en aide. Prenez en charge vos citoyens et assumez pleinement vos responsabilités. Le temps de changer de mentalité est maintenant arrivé car demain sera trop tard. Revoyez les politiques publiques, sociales et économiques de vos États en les adaptant aux situations et priorités africaines. Regardez autour de vous et libérez-vous des politiques qui vous entourent non pour servir le peuple mais pour s'enrichir illicitement. Pensez à humaniser le peuple africain qui ne mérite pas une telle misère. Ne le sacrifiez pas, ne le tuez pas, mettez-le au centre de vos agendas politiques. Le peuple africain a des capacités, profitez-en pour améliorer les conditions de vie humaines. Ne les divisez pas pour régner, ne rivalisez pas avec eux. Dépouillez-vous des logiques ethniques, tribales, régionales, nationales qui leur font perdre des opportunités de se réaliser en tant qu'humains. Dépouillez-vous des mentalités égoïstes et contentez-vous de ce qui vous revient comme droit. Acquittez-vous de manière responsable de vos devoirs. Les Africains voudraient vivre heureux sur leur continent et rester en Afrique en savourant la vie dans les vallées et les collines de leurs ancêtres. La guerre et les conflits alimentés par certains hommes sont parmi les principales causes de la migration massive et irrégulière. Il est honteux et inacceptable que les Africains soient victimes de la mauvaise gestion les exposant aux pièges tendus par des trafiquants. Réveillez-vous, chers leaders politiques, c'est le moment du changement. Votre indifférence et votre insensibilité exposent continuellement les jeunes filles et fils africains aux exploitants qui les font travailler comme des esclaves. Ô dirigeants africains, vous êtes les gardiens du peuple, réveillez-vous, vous qui vous endormez pendant que vos fils et filles sont dévorés ! Ne soyez pas comme des veilleurs inaptes et passifs qui assistent au carnage des citoyens. Ne soyez pas des spectateurs silencieux, ne soyez pas des mercenaires qui fuient quand le danger approche pour enfin revenir après avec des discours démagogiques promettant le ciel sur terre pendant les élections. Ne disparaissez pas au cours de vos mandats pour revenir ensuite tromper le peuple. Soyez plutôt des dirigeants dévoués, vigilants et prêts à servir, prêts à dire et à accepter la vérité des choses, à aimer, à écouter, à pardonner, à rendre justice et à réconcilier. Si vous prenez soin du peuple, vous construirez votre prospérité et celui de l'Afrique tout entière. Vous verrez que le peuple vous donnera plus. Qui veut boire un lait de qualité et en abondance prend soin de sa vache, dit-on. L'Afrique a des intellectuels qui devraient éveiller la classe politique. Malheureusement, nombre d'entre eux se laissent corrompre par des miettes tombées des tables et deviennent de véritables architectes de la médiocrité. Ces hommes politiques tombent dans le piège de la politique de « affamez-les et ils vous adoreront ». Ainsi, ils font la course pour les postes et l'argent. Un petit nombre d'intellectuels qui travaillent pour la promotion du bien-être intégral est exclu de la gestion de la chose publique et son effort réduit au silence car vu comme obstacle aux manœuvres d'enrichissement personnel.

Sans tomber dans le pessimisme, nous reconnaissons avec gratitude qu'un éveil politique naît déjà de nouvelles générations actuelles qui voient la nécessité et l'urgence de repenser la gestion de l'État en favorisant la participation active des populations africaines. Il y a plus que jamais nécessité de revaloriser les sacrifices consentis par nos pères de l'indépendance, une lutte gagnée au prix du sang. Plusieurs initiatives à travers le continent se profilent dans cette direction et méritent d'être écoutées, discutées, redynamisées et promues. Il y a, malheureusement, une insuffisance sinon un manque de réponse commune aux défis du continent. La tendance étant toujours d'espérer que la solution provienne de l'Occident. L'Africain doit assumer son destin et ne pas se limiter à déclamer des jérémiades infinies en notant le manque de volonté politique et l'ingérence extérieure. Il est grand temps que l'homme africain se réveille de son sommeil dogmatique afin de travailler pour son développement intégral et de renouveler la classe politique capable de servir dignement et honnêtement la nation. L'Africain ne doit pas être condamné à être un éternel débiteur. Il a des ressources qui suffisent pour améliorer les conditions de vie de ses enfants sans pour autant envier les aides qui se transforment en dettes et qui, malheureusement, pèsent lourdement sur le futur des générations entières.

Tout changement exige du courage de la part de tous. Les Africains doivent s'engager à construire leur continent tout en évitant de tomber dans les erreurs du passé, surtout celui de copier aveuglement des systèmes incompatibles avec la réalité africaine. Par réalité africaine, nous sous-entendons ici l'ensemble des us et coutumes africaines. Ceci veut dire que tous les efforts du développement doivent être adaptés aux contextes culturels, sociaux, économiques, historiques, traditionnels dans leurs singularités. Nous ne cessons de le répéter : l'Afrique a suffisamment de ressources humaines et matérielles qui peuvent favoriser l'avènement d'un paradis sur terre et restaurer la dignité de l'homme africain. Si chacun joue bien son rôle, l'Afrique va redécoller et redeviendra un paradis et aucun fils africain ne sera victime d'esclavage. Ô Afrique, relève hautement ta tête et marche !

POSTFACE

Le sujet traité par le Père Laurianus Banyuzukwabo Tuyisabe dans cet ouvrage est très complexe. Ce type de commerce illégal des personnes qui repose sur la fraude et la violence est généralement connu sous le nom de «traite des êtres humains » et constitue un sujet de préoccupation partout dans le monde. Les gouvernements peinent à savoir comment aborder ce problème et où porter leur attention. Mais ce qui manque le plus à nos dirigeants n'est pas tant les moyens mais surtout la volonté. Pour asservir les gens, les trafiquants profitent également de l'oisiveté, de l'inertie des dirigeants africains qui sont au courant de ce mal mais ne lèvent pas le petit doigt, ils ont d'autres urgences, paraît-il, comme si la souffrance de leurs fils, frères et enfants n'en était pas une. Ce mal est en réalité une nouvelle manière de réduire l'homme à l'esclavage.

Certains efforts ont certes été faits ces dernières années mais il reste encore beaucoup à faire. Des programmes régionaux ont en effet été lancés. La

Communauté économique des États de l'Afrique de l'Ouest a mis sur pied un programme visant à encourager l'adoption d'une législation uniforme en matière de lutte contre la traite des personnes et à renforcer la coopération transfrontière. En Afrique australe, où le dispositif législatif et les moyens de répression sont notoirement insuffisants, l'OIM et un groupe de recherche, le *Southern African Migration Project*, ont convoqué en 2008 la première d'une série de réunions destinées à mieux faire prendre conscience de ce problème. En Uganda, dans les camps des réfugiés qui sont des nids où les trafiquants vont souvent voler les poussins innocents, des campagnes de sensibilisation sont faites régulièrement par le Haut Commissariat des Nations unies pour les Réfugiés. Pour sa part, l'Union Africaine a marqué la Journée de l'enfant africain, célébrée chaque le 16 juin, par le lancement d'une campagne panafricaine appelée l'Initiative de la Commission de l'UA Contre le trafic d'êtres humains. Le Plan à mettre en action contre la traite de personnes doit donc installer des « comités de surveillance communautaire » chargés de repérer les tentatives de traite d'êtres humains et de les faire échouer. La mise en place des programmes de sensibilisation dans les villages et les écoles est importante.

Toutes ces démarches sont prometteuses, mais insuffisantes. Il faudrait que des mesures sérieuses soient prises au niveau des frontières du Nigeria, du Benin, du Togo, de la Lybie, de l'Italie pour que ces trafiquants cessent avec ce commerce machiavélique. Il faudrait aussi que l'Union Européenne revoie sa rigidité dans l'octroi des visas aux Africains. Arriver en Europe est devenu pratiquement un exploit aujourd'hui pour les peuples africains. Lorsqu'ils veulent migrer dans la légalité, ils déposent leurs dossiers dans les ambassades et suivent la voie normale, mais les visas leur sont refusés à chaque tentative et dans toutes les ambassades. Sur une centaine de demandes de visas, seules quelques dizaines sont acceptées, mais la majorité rejetée, parfois sans raison valable. Une demande de visa est parfois rejetée seulement parce que le demandeur est un Africain noir issu d'un pays pauvre. C'est à cause de ces injustices que les Africains empruntent des voies illégales, à leurs risques et périls, pour atteindre les côtes européennes.

Mais pourquoi les Africains veulent-ils à tout prix quitter l'Afrique ? Pour la simple raison que l'espérance de vie est très réduite dans plusieurs pays africains, les gens meurent chaque jour et de la façon la plus violente qu'on puisse imaginer. Les guerres au Congo, en Lybie, en Centrafrique, au Soudan, au Mali, au Burkina-Faso, les attaques terroristes en Somalie, au Cameroun, au Nigeria, au Kenya, et toutes les autres misères sans nom font de l'Afrique un continent bien complexe, la réalité n'y est ni noire ni blanche, rien n'est certain en Afrique… Raison pour laquelle les villages se vident, l'agriculture est abandonnée et l'exode rural ruine l'économie des pays.

Vu sous cet angle, il est possible de comprendre ces migrants qui se noient chaque année dans la Mer Méditerranée en tentant de se réfugier en Europe pour fuir les guerres dans leurs pays. Mon expérience de travail dans les régions de guerre m'a appris qu'il ne faut pas juger ces gens qui tentent d'aller se réfugier en Europe à tout prix. Vous ne pouvez les comprendre si vous n'avez jamais vécu les conflits interethniques, le froid, la misère ou si vous n'avez pas encore vu quelqu'un se faire tuer à la machette devant vos yeux. Celui qui a déjà connu ces choses peut facilement comprendre une Nigériane qui tente à tout prix d'atteindre l'Italie, même au risque de se noyer dans la mer. En fait, ils sont comme des gens qui ont été enfermés pendant plusieurs années dans un trou, privés de nourriture et d'air, respirant péniblement, une fois qu'ils trouvent une petite opportunité de se libérer et d'aller vivre dans des endroits où ils pourront, ne fût-ce que respirer de l'air pur, ils sautent sur cette occasion et ne la lâchent plus du tout. Quand je vois des journalistes ou des politiciens faire des commentaires à la télévision, critiquant ces pauvres migrants en les prenant pour des lâches et des poltrons, je me dis que lorsqu'on est rassasié, c'est normal qu'on traite de lâche celui qui a faim. Ces politiciens et ces journalistes sont rassasiés, ils ne peuvent comprendre le pauvre migrant en train de mourir de faim qui tente de se procurer un peu d'air frais juste pour pouvoir respirer convenablement. Ce qu'ils vivent dans leurs pays en guerre est semblable à ce que vivent les gens qui ont la tête sous l'eau. Ils essaient de résister pendant un certain temps mais, à un moment, ils n'en peuvent plus et font n'importe quoi pour remonter à la surface, ne serait-ce que pour pouvoir prendre une bouffée d'air. Une situation désespérée provoque parfois des actes désespérés... On ne peut prévoir les agissements d'un homme lorsqu'on le pousse à bout.

Ainsi, pour en finir avec ces migrations clandestines, il faut aider l'Africain à rester chez lui en Afrique. Mais comment restera-t-il ou voudra-t-il rester sur un continent où la vie devient de plus en plus une survie ? Il faudrait d'abord penser aux emplois en Afrique, réduire le chômage, accompagner les chômeurs avec une petite indemnité comme cela se fait en Europe, juste pour permettre à tout le monde de pouvoir manger, accéder aux soins médicaux et vivre en sécurité. Si ces trois besoins fondamentaux sont assurés, la tentation de quitter le pays sera moindre. Certains pays comme le Rwanda, le Ghana, le Kenya, y travaillent déjà sérieusement. C'est dans les grands pays comme le Congo, le Nigeria, la Lybie… que l'homme est abandonné à son triste sort et n'a d'autre idée que de « partir » n'importe où à la recherche du bien-être. Il faut ensuite unir les forces africaines pour lutter contre les rébellions, les groupes terroristes et les groupes armés qui transforment ce continent en brasier. La paix en Afrique viendra de l'union africaine, non de cette organisation dont l'action est quasi-inexistante sur le terrain, mais de l'union des cœurs, des esprits, des idées de tous les Africains. Il faudrait que les Africains puissent penser l'Afrique ensemble, réfléchir comme un seul peuple, lutter comme un seul peuple. Il faudrait que le patriotisme et l'amour de notre continent et de l'homme africain soient enseignés dans les écoles, depuis la maternelle jusqu'au doctorat, dans les Églises et les mosquées.

Le système éducatif est à revoir et à refaire sur toute la ligne. Nous avons en effet hérité d'un système éducatif colonial qui n'est plus pertinent aujourd'hui. Beaucoup de choses enseignées dans les écoles en Afrique n'en valent plus la peine du tout. Des programmes de cours sont devenus obsolètes, dont on n'a plus besoin aujourd'hui. L'obsolescence de ces programmes est une vérité que tout le monde reconnaît mais que personne n'a le courage de signaler. Il faut mettre en place une équipe au niveau africain pour repenser l'éducation dans nos écoles. Nous n'avons plus besoin de certaines leçons qui sous-estiment l'homme africain ou qui déifient l'homme européen. Nous avons besoin des cours qui aideront l'Africain à prendre conscience, à se réveiller. Nous avons besoin de programmes d'éducation pratiques comme l'agriculture, la technologie, pour répondre directement aux besoins primaires de l'homme : l'industrie agro-alimentaire, pharmaceutique... Dans ce sens, une école primaire a vu le jour au Benin, dans le village de Banigbé, non loin de la frontière avec le Nigeria, une ferme agro-pastorale dans laquelle les notions d'agronomie sont enseignées aux enfants dès la maternelle[91]. Ce sont ce genre de programmes qu'il faut pour une Afrique d'aujourd'hui afin de relever les défis de la faim et de l'insécurité alimentaire.

C'est seulement en aidant les Africains à se sentir heureux en Afrique que les migrations et les fuites du continent seront, si non supprimées complètement, au moins réduites sensiblement. Une Afrique où règnent la paix, le respect de l'être humain, le respect de la Loi, la protection des civils (ceux qui sont accusés de sorcellerie surtout), sera une Afrique que personne ne voudra plus quitter. Au contraire, ce sont les autres peuples qui voudront migrer vers ce beau continent. Tel est notre rêve. Tel est le rêve du Père Laurianus, vaillant accompagnateur des migrants en Italie et auteur de ce livre.

Père Giresse Liévin Muyayalo. Prêtre congolais (R. D. Congo) Missionnaire en République du Bénin.

[91] Cf. https://africa.la-croix.com/benin-ecole-ferme-ouvre-portes-a-banigbe

BIBLIOGRAPHIE

Affronti M., - Monti M.C (A cura di) , *Quale sguardo sui migranti forzati? L'esperieza dell'ambulatorio del Policlinico di Palermo,* Pendragon, Bologna,

Aikpitanyi I., *Cinquecento storie vere. La tratta delle ragazze africane in Italia*, Roma, Ediesse, 2011.

Aluko D. *Locating the place of consent in the movement of Nigerian women for prostitution in Italy.* Unpublished PhD Thesis. Coventry University, Conventry, 2014.

Ambrosini M., Zandrini S., (a cura di), *La tratta infame. La prostituzione delle donne starniere,* Oltre in Dialogo, Milano, 1996.

Bonetti E., *Spezzare le catene. La battaglia per la dignità delle donne*, Milano, Rizzoli,2012.

Brivio A., *Il vodu in Africa. Metamorfosi di un culto, Roma*, Viella, 2012.

Baldascino M., Casale A., (a cura di*), Donna tratta...ta. Viaggio fra le cause, vittime, gli interventi possibili e la percezione sociale della prostituzione straniera coatta in un territorio di frontiera,* Grafiche Boccia di Capua,2005.

Bernardoti A., Carchedi F., B. Ferone B ., *Schiavitù emergenti. La tratta e lo sfruttamento delle donne nigeriane sul litorale domitio*, Roma, Ediesse 2005.

Ciconte E., Romani P., *Le nuove schiavitù. Il traffico degli esseri umani nell'Italia del XXI secolo,* Roma: Editori Riuniti,2002.

Corso C., *Trafirò A., (a cura di) ...E siamo partite. Migrazione, tratta e prostituzione straniera in Italia*, Giunti Gruppo Editoriale, Firenze, 2003.

Daniel J.S, (traduction de Étienne Smith), « Corruption, culture politique et démocratie au Nigeria Réactions populaires à la croisade anti-corruption du président Obasanjo » in *Politique africaine* 2007/2 (N° 106)

Mangione, Jerre and Morreale B., *La Storia: Five Centuries of the Italian*

Maragnani L., Aikpitanyi I., *Le ragazze di Benin City. La tratta delle nuove schiave dalla Nigeria ai marciapiedi d'Italia*, Melampo Milano, 2007.
American Experience, Harper Collins Publishers, New York, 1993.
Massari M., *Il corpo degli altri. Migrazioni, memorie, identità*,Orthodes, Napoli-Salerno, 2017.
Moroli E., Sibona R., Schiave *d'Occidente: sulle rotte dei mercanti di Donne,* Mondolibri, Milano, 2000.
Morniroli A., (a cura di), *Maria , Lola e le altre in strada. Inchieste, analisi, racconti sulla prostituzione migrante*, edizioni Intra Moenia, Napoli, 2003.
Morniroli A., (a cura di), *Vite Clandestine. Framenti, racconti e altro sulla prostituzione e la tratta di esseri umani in provincia di Napoli*, Gesco edizioni, Napoli, 2010.
Idem., (a cura di), *Maria, Lola e le altre in strada. Inchieste, analisi, racconti sulla prostituzione migrante*.
OKOEDION B., Pozzi A., *Il coraggio della libertà. Una donna uscita dall'inferno della tratta,* Milano, Paulines, 2017.
Pozzi A., *Mercanti di schiavi. Tratta e sfruttamento nel XXI secolo, Milano, San Paolo Edizioni*, 2016.
UNICEF (2008) The state of the world's children: child survival, UNICEF Publications, New York.
The United Nations Interregional Crime and Justice Research Institute (a cura di), *Trafficking of Nigerian girls to Italy. Report Field Survey in Edo State*, Nigeria, 2003.
United Nations, *Anti-human trafficking manual for criminal justice practitioners, Module 3: Psychological reactions of victims of trafficking in persons*, New York, 2009
USAID., International Centre for Migration Policy Development, *Listening to Victims. Experiences of Identification, return and assistance in South-Eastern Europe*, ICMPD, Vienna, 2007.
Wendy P. Monzini., *Il mio nome non è Wendy*, Roma GLF Editori Laterza, 2007.
Pape Jean Paul II, *Lettre Encyclique Dives in Miséricorde, Roma, Libreria Editrice Vaticana, 1980.*
Pape François, *Dialogue avec les participants, Journée mondiale de prière et de Réflexion contre la traite des êtres humains*, 12 février 2018.
Idem, *Message pour la célébration de la Journée mondiale de la paix 2018*, 13 novembre 2017.
Idem, *Discours à l'Assemblée plénière pour la pastorale des migrants et des personnes en déplacement,* 24 mai 2013.
Idem, *Message pour la Journée mondiale de la paix*, 8 décembre 2014.

Idem, *Salutations à la 2ème Assemblée européenne de RE-NATE*, 7 novembre 2016.

Idem, *Discours à la rencontre mondiale des Mouvements populaires*, 28 octobre 2014.

Pape François, *Message au président exécutif du Forum économique Mondial à l'occasion de sa rencontre annuelle*, 12 janvier 2018.

Pape François, *Discours aux participants à la Conférence internationale des associations des Entrepreneurs catholiques* (UNIAPAC), 17 novembre 2016.

Pape François, *Message vidéo aux participants au IIe Forum international sur l'esclavage moderne,* 7 mai 2018.

Pape François, *Message pour la célébration de la Journée mondiale de la paix 2015*, 8 décembre 2014.

WEBOGRAPHY

https://www.vanguardngr.com
https://www.ohchr.org
https://www.cairn-int.info
https://www.easo.europa.eu
https://www.ilo.org
https://www.unodc.org
https://www.vanguardngr.com
https://www.easo.europa.eu
http://afdialogue.eu
https://www.britannica.com
https://psichenessunoecentomila.wordpress.com
www.who.int
http://www.carabinieri.iT
http://www.slateafrique.com
https://www.lapresse.ca
https://africa.la-croix.com
www.ancient-origins.net/

INTERVIEWS

Christine 16th February 2019
Cintia, March 7th 2019
Emma, February 18th 2019
Fatima, March 5th 2019
Favour, February 20th 2019
Irene, March 4th 2019
Jenifer, March 2nd 2019
Mary, March 7th 2019
Mercy, March 2nd 2019
Precious, February 22nd 2019
Princess, February 18th 2019
Stella, February 22nd 2019.

SOMMAIRE

CARTE GEOGRAPHIQUE DU NIGERIA

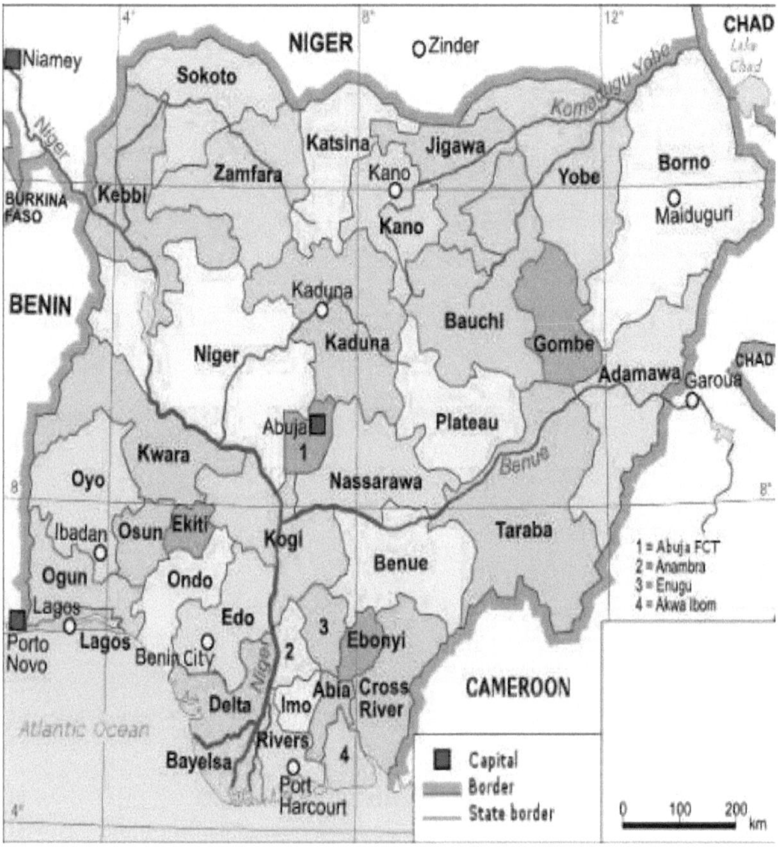

MIX
Papier aus verantwortungsvollen Quellen
Paper from responsible sources
FSC® C105338

Printed by Books on Demand GmbH, Norderstedt / Germany